KB129908

태도가
능력이
될 때

DEKIRU HITO WA KANARAZU MOTTEIRU ICHIRYUU NO
KIKUBARIRYOKU
Copyright © Tadashi Yasuda 2018

Korean translation rights arranged with Mikasa-Shobo Publishers Co., Ltd.,
Tokyo through Japan UNI Agency, Inc., Tokyo and ERIC YANG AGENCY, Seoul

이 책의 한국어판 저작권은 에릭양 에이전시를 통해 저작권사와의 독점 계약을 맺은
'(주)웅진씽크빅'에 있습니다. 저작권법에 의해 한국 내에서 보호를 받는 저작물이므로
무단 전재와 무단 복제를 금합니다.

태 도 가
능 력 이
될   때

함께 일하고 싶은 _____ 사람이 되는 법

야스다 다다시 지음

노경아 옮김

리더스북

일러두기

이 책에 등장하는 인물의 한국 이름은 모두 가명입니다.

좋은 태도는
좋은 연결을 만든다

일터에서 우리는 '태도가 좋다' 또는 '태도가 나쁘다'라는 말을 종종 쓰곤 합니다.

"그 사람은 태도가 좋아. 크게 될 거야."

"그 팀은 태도가 좋아서 기회가 된다면 다시 협업해보고 싶어요."

"저 혼자 똑똑하면 뭐해, 일하는 태도가 영 아닌걸."

태도가 좋다는 것은 단순히 예의가 바르고 성실하다는 뜻만은 아닐 것입니다. 아무리 깍듯하게 굴고 일에 매진하더라도, 그 사람과 함께하는 일이 잘 풀리지 않으면 '태도가 좋다'는 평가는 웬만해선 나오지 않습니다.

'태도가 좋은 게 나쁜 것보다야 낫지만, 업무에서 가장 중요한 요소는 아니잖아?'

이렇게 생각할지도 모르겠습니다.

그러나 오랫동안 비즈니스 현장에서 수많은 사람과 일해 온 제 경험에 근거하여 말하자면, 사실상 '태도가 전부'라고 말해도 과언이 아닙니다. 누가 당신에게 좋은 태도로 일한다고 말했다면, 스스로를 자랑스러워해도 좋습니다. 장담컨대, 그것은 일하면서 들을 수 있는 최고의 평가입니다.

태도란 종합하는 힘

서른다섯이라는 이른 나이에 독립을 결심하고 비즈니스 커뮤니케이션 전문가로 경력을 시작한 이후, 다양한 분야에서 폭넓은 직급의 사회인을 만나게 되었습니다. 인맥의 범주가 달라지면서 점차 성공한 기업 임원이나 경영자와 일하고 대화할 기회도 늘었습니다. 저는 높은 자리에 오른 사람들을 만날 때마다 성과를 내는 데 있어서 가장 중요한 요소가 뭐냐고 물었습니다. 뜻밖에도 핵심은 '태도'라고 모두가 입을 모았습니다.

누군가가 뛰어난 능력을 가지고 있더라도, 저절로 뛰어난 성과로 이어지지는 않습니다. 일이란 공동의 목표를 가진 여럿이 함께 결과물을 만들어내는 것이기 때문입니다. 혼자서 해낼 수 있는 일은 단언컨대 하나도 없습니다. 특히 복잡다단한 현대사회에서 협력은 가장 중요한 미션이 되었습니다.

밀가루 반죽이 저절로 빵으로 부풀지 않습니다. 최고의 재료를 부어 넣는다고 무조건 맛있는 빵이 나오는 것도 아닙니다. 일도 마찬가지입니다. 제빵으로 치면 개개인의 역량과 전문성은 핵심 재료입니다. 그 재료들이 훌륭한 결과물로 이어지기까지는 수많은 요소가 개입됩니다. 그 숱한 요소를 한데 연결하는 힘이 바로 태도에서 나옵니다. 좋은 태도는 좋은 연결을 만듭니다.

좋은 태도를 가진 사람은 다른 사람의 마음을 얻고, 나아가 그들의 능력을 얻습니다. 여러 사람의 능력을 하나로 매끄럽게 뭉쳐냅니다. 장애물을 사전에 제거하거나 유연하게 피해갑니다. 어려움 속에서도 돌파구를 먼저 찾습니다. 그리고 기분 좋게 일이 굴러가게 합니다. 일이 시작부터 마무리까지 성공적이라면 그것은 좋은 태도가 이끌어낸 값진 결과입니다.

태도란 결국 연결하는 힘이자 종합하는 힘입니다. 즉, 일의 토대이자 성과의 원천이라고 말할 수 있습니다.

함께 일하고 싶은 사람

제가 현장에서 경험한 바, 안팎에서 인정받는 사람들과 일을 했을 때 분명한 공통점이 있었습니다.

- 그들은 꾸밈이 없고 자연스럽게 말합니다.
- 함께 일하면 어쩐지 회의도 일도 매끄럽게 진행됩니다.
- 신경 쓸 일이 별로 생기지 않아 편안하고, 심지어 기분이 좋아집니다.
- 처음에 받은 좋은 인상이 만남을 거듭할수록 강해집니다.
- 믿을 수 있는 사람이라는 느낌을 받습니다.
- 일이 순조롭게 마무리됩니다.
- 인사를 빠뜨리지 않습니다.
- 다시 한번 같이 일하고 싶다고 생각합니다.

즉, 그들은 눈부신 능력을 발휘한다기보다, 함께 일하고 싶다는 마음이 들게끔 일했습니다. 맡은 바 자신의 역할을 충실히 하고 주위 사람을 대함에 있어서 편안함과 신뢰감을 심어주었습니다. 이로써 선후배는 물론 무엇보다 동료들에게 인정받으며 훌륭한 경력을 구축해나가고 있었습니다. 그들은 이미 자기 일에서 일류이거나 일류가 되어가는 중이었습니다.

인생이 잘 풀리는 비결은 결국 '사람과 사람 사이의 보이지 않는 유대'를 양호하게 유지하는 데 있습니다. 일도 마찬가지입니다. '함께 일하고 싶은 사람'이 될 때 업무의 폭이 넓어지고 비로소 자신이 가진 역량과 가능성이 폭발할 수 있습니다. 태도는 그 열쇠입니다. 사람을 얻고 성과를 내고 결국 자신의 가치를 압도적으로 높이는, 가장 중요한 자질입니다. 이때 반가운 사실은, 태도란 타고나는 것이 아니라 갈고닦는 것이라는 사실입니다.

좋은 태도의 비밀, 신경 '쓰기'의 기술

그렇다면 누구나 함께 일하고 싶은 사람들은 구체적으로 어떻게 일하는 걸까요? 뭐라 콕 집어 말하기 어려운 '좋은 태도'의 비밀은, 바로 '챙김'에 있습니다. 그들은 사소한 디테일에 이르기까지 일과 관계의 모든 면을 두루 살피고 챙긴다는 공통점을 가지고 있습니다. 최근에는 안팎의 복잡한 일에 신경 끄고 자신에게 중요한 것에만 집중하라는 이야기를 많이 합니다만, 제대로 신경 쓰지 않고서는 결코 앞으로 나아갈 수 없습니다.

기억에 남는 실수가 있습니다. 기업을 상대로 커뮤니케이션 강의를 시작한 지 얼마 되지 않았을 때, 어느 기업 연수 프로그램에 강사로 초빙되었습니다. 연수를 성공적으로 마무리하고 담당자로부터 저녁 식사 대접을 받았습니다. 즐겁게 이야기하며 술잔도 주고받았죠. 그런데 다음날도 아침 일찍 다른 기업 연수가 잡혀 있었던 터라 감사 인사 보내는 것을 깜빡 잊고 말았습니다. 사흘이 지나서야 실수를 알아차리고는 머릿속이 하얘졌습니다. 곧바로 담당자에게 전화를 걸어 감사 인사를 했지만, 때는 이미 늦었습니다. 그는 싸늘한 말투로 "네"라고만 대답했고, 이후로 그 기업은 다시는 제게 일을 의뢰하지 않았습니다.

분명 그날의 강연은 성공적이었습니다. 하지만 사소한 범절을 소홀히 한 탓에 충분히 확장할 수 있었던 비즈니스 기회를 놓쳤던 것입니다. 함께 일하는 사람과의 관계에 틈이 벌어졌기 때문입니다. 그러면 잘 굴러가던 일도 자꾸 멈춰서게 되고, 본래 얻을 수 있었던 성과마저 놓치는 경우가 생깁니다.

사소해 보일지 모르지만, 이때의 실패에서 큰 깨달음을 얻었습니다. 어쩌면 이러한 작은 챙김이 제 직무 능력보다 중요할 수 있다는 생각을 갖기 시작했습니다. 이후 저는 어떤 방식으로든 대접을 받으면 다음날 오전 7시에 감사 메시지를 보내는 것을 원칙으로 삼고 철저히 지키고 있습니다. 감사 인사는 특히 타이밍이 중요하니까요.

좋은 태도를 만드는 다섯 가지 안테나

물론 누구나 일을 챙기고 사람을 챙깁니다. 단지 각자의 성격과 경험에 따라 잘 챙기는 영역과 못 챙기는 영역이 나뉠 뿐입니다. 하지만 이 모든 영역을 균형 있게 잘 챙길 때 누구나 함께 일하고 싶은 사람이 됩니다.

저는 오랫동안 직장인들을 관찰하고 이 영역들에 관해서 연구했습니다. '함께 일하고 싶은 사람들'은 다음의 특성을 고루 갖추고 있었습니다.

* 강인한 아버지(Critical Parent) : 높은 이상과 강한 책임
  감을 가지고 리더십을 발휘함 → 조감 안테나
* 다정한 어머니(Nursing Parent) : 친절하고 배려심이 깊
  어 타인을 이해하고 관용하는 자세를 보임 → 공감 안테나
* 성숙한 어른(Adult) : 감정을 통제할 줄 알며 이성적으
  로 판단하는 능력이 뛰어남 → 논리 안테나
* 자유분방한 아이(Free Child) : 밝은 에너지로 주변 사람
  에게 긍정적인 영향을 끼침 → 사교 안테나
* 적응 잘하는 아이(Adapted Child) : 분위기를 잘 읽고 협
  조적인 자세를 취하며 적응력이 뛰어남 → 존중 안테나

이 특성들을 두루 갖추려면 각 특성에 해당하는 5가지 영
역에서 '안테나'를 높이 세워야 합니다. 섬세하게 관찰하
고 감지한 것을 자신의 말이나 행동에 적극적으로 반영해
야 합니다. 다섯 가지 영역에서 안테나를 제대로 쓸 줄 아는
사람이 최고의 챙김력을 발휘해 일과 인간관계에서 성공을
거머쥘 수 있습니다.

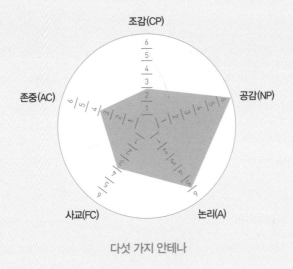

다섯 가지 안테나

분명 열심히 노력하는데 생각만큼 성과가 나지 않을 때 그 이유를 정확히 알지 못하고 체념하기 쉽습니다.

'이 조직은 나와 안 맞아. 내 능력을 알아주는 곳으로 가 야겠어.'
'나는 운이 없어. 아무리 잘해도 일이 안 풀려.'

이런 사람들은 어떤 안테나의 감도가 아주 약하거나 아예 꺼져 있을지 모릅니다. 아직 중요성을 제대로 느끼지 못했기 때문입니다. 괜찮습니다. 이제부터라도 전원을 켜고 감도를 향상시킬 수 있습니다. 저 다섯 안테나의 성능이 균형을 이루면 놀랄 만큼 주변의 평가가 달라지고 성과가 나타나기 시작합니다. 즉, 다섯 가지 영역을 제대로 챙길 때 비로소 당신의 태도가 능력이 됩니다.

앞에서 강조했듯, 태도란 갈고닦는 것입니다. 우리는 모두 다섯 가지 안테나를 가지고 있습니다. 이 책은 각 안테나의 상태를 점검하고, 자신이 어떤 영역을 소홀히 하고 있었는지를 파악하여 개선해나갈 수 있도록 돕고자 쓰였습니다. 구체적인 상황과 사례를 들어 쉽게 실천할 수 있는 방법들을 소개합니다.

이 책을 읽은 분들이 조금이라도 더 즐겁게 일하고 바라는 성과를 거둘 수 있다면 저자로서 더한 기쁨이 없을 것입니다.

야스다 다다시

차례

능력이 되는 태도 3 논리력

감정이 이성을 지배하지 않도록   112

타인의
시간을
아껴주는
사람

책임감이
강하다

자기주도적으로
일한다

상황 대응이
신속하다

효율적으로
업무를 수행한다

주변 사람들에게
의지가 된다

나무가 아니라
숲을 보는 눈

기업의 최고 경영자를 비롯하여 각 분야에서 성공한 사람들은 가까운 미래를 읽고 행동하는 특징이 있습니다. 그들은 미래를 예측하여 급작스럽게 발생할지 모르는 돌발 상황에 대비합니다. 조율이 필요한 안건들은 사전에 파악해두고 선택지를 준비합니다. 비단 자신이 담당하는 일에 있어서만 이러한 태도로 임하는 것이 아닙니다. 프로젝트 또는 사업의 전반적인 흐름과 결과를 두루 살피며, 앞으로 어떤 일이 일어나고 무엇이 필요해질지 미리 파악하여 만전을 기합니다.

주변에서 이런 사람들을 떠올려보면 주로 팀장 이상의 상급자들입니다. 사회초년생이나 아직 경력이 적은 사람은 코

앞에 닥친 일을 처리하는 데 급급합니다. 반면 팀장이나 그 이상의 상급자는 대부분 그동안 쌓인 경험으로 일과 회사 전체를 넓게 보는 감각이 발달해 있습니다. 그래서 많은 사람이 착각하곤 합니다. 전체를 보고 미래를 내다보는 자세는 팀장급 이상에게 필요한 것이라고 말입니다.

직위가 낮은 사람들은 자신에게 주어진 일만 잘하면 된다고 생각합니다. 그러나 자신의 업무만 보는 사람은 그 일조차 잘해내기 어렵습니다. 상사의 관점, 부하의 관점, 동료의 관점에서도 생각해볼 때, 자신이 해야 하는 일이 무엇이며 자신에게 기대되는 바가 무엇인지 정확히 알아챌 수 있기 때문입니다.

언뜻 보면 다른 사람을 더 신경 쓰라는 말처럼 들리지만, 이는 결국 자기 자신을 위한 자세입니다. 함께 일하는 사람과의 갈등과 충돌이 적을수록 회사생활이 편안해지고 일에도 더 집중할 수 있으니까요.

한편 주위에서는 업무 진행이 원활하고 순조롭다고 느낍니다. 그래서 회사에서 불필요한 갈등은 줄이되 성과를 높이는 믿음직하고 유능한 동료로 인정받고, 나아가 조직에서 꼭 필요한 사람으로 인식됩니다. 우리는 이러한 사람들을 보고 무의식적으로 태도가 좋다고 생각합니다. 이 책에서 소개할 좋은 태도를 만드는 다섯 가지 안테나 중 첫 번째가 바로 조감력입니다. 새가 하늘에서 내려다보는 것처럼, 전체를 한눈에 관찰하는 태도를 말합니다.

조감력은 자신의 생각과 의견을 자신 있게 말하도록 만듭니다. 또, 단순히 의견에 그치지 않고 행동으로 이어져 좋은 성과를 내는 첫발을 내딛게 합니다. 조감력은 행동력, 지도력, 책임감, 도전 정신을 낳고, 사람을 하나로 모아 이끄는 리더십까지 유발합니다. 그래서 조감력이 뛰어난 사람은 '강인한 아버지'처럼 느껴지고 어쩐지 의지가 됩니다.

물론 넓은 시각으로 전체를 보는 눈은 경력이 쌓이면 어느 정도 자연스럽게 생깁니다. 하지만 경험이 부족하다고 해서 그러한 안목을 가질 수 없는 것은 아닙니다. 이는 특별한 재능이 아닙니다. 일하는 방법, 회사생활을 하는 방법, 상사나 동료와 관계를 맺는 방법을 아직 터득하지 못했을 뿐입니다. 하루아침에 완전히 다른 사람이 될 수는 없겠지만, 일 잘하는 사람을 보고 차근차근 따라 해봅시다. 회사 내에서 당신을 바라보는 시선이 서서히 달라질 것입니다.

엉터리 보고를
하고 있지 않습니까?

보고, 연락, 논의의 중요성은 일을 하는 사람이라면 누구나 잘 알고 있을 것입니다. 그러나 이를 제대로 하는 사람이 얼마나 될까요? 30퍼센트? 20퍼센트? 그보다 훨씬 적습니다. 사실은 1퍼센트도 되지 않는 것이 현실입니다. 왜 그런 걸까요? 이유는 명쾌합니다. 상사가 나에게서 무엇을 알고자 하느냐까지 생각하여 그 기대에 부응하는 보고를 하는 사람이 거의 없기 때문입니다. 뒤집어 말해 기대에 120퍼센트 부응하는 보고를 할 수만 있다면, 눈치가 빠르다는 평가를 받고 업무에서 두드러지는 성과를 낼 수 있다는 뜻입니다.

보고에 반드시 필요한 3요소

아마 자신이 보고, 연락, 논의를 잘한다고 생각하는 사람이 많을 것입니다. 하지만 대부분 무슨 일을 했느냐만 보고합니다. 거듭 말하지만, 보고를 받는 사람은 보고하는 사람에게 무언가 기대하는 것이 반드시 있습니다. 그 기대를 파악하여 전달하는 것이 제대로 된 보고입니다.

예를 한번 들어보겠습니다.

"오늘 광고 대행을 진행하기로 한 회사의 팀장을 만나고
왔습니다."
"오후 3시경에 고객의 항의 전화를 받았습니다."

이것은 보고가 아니라 그저 사실 전달일 뿐입니다. 실제로 내가 이런 보고를 받는다면 "그래서?"라고 되묻고 싶을 것입니다. 이와 달리 보고를 잘하는 사람은 다음과 같은 요소를 생각합니다.

① 사건　　② 전망　　③ 대처

대다수의 사회초년생들은 누구에게 메일을 받아서 어떤 일을 했고, 누구와 미팅을 했는지에 대해 이야기합니다. 그들은 상사가 알아야 할 것만 되도록 간결하게 전달하는 것이 보고의 핵심이라고 생각하기 때문이죠. 하지만 이 내용은 말 그대로 알아야 할 사실일 뿐입니다. 이렇게 1차원적인 보고를 한다면 상사로부터 추가 질문을 받을 가능성이 매우 높습니다.

사회에서 일 잘한다는 평가를 받는 사람의 보고 내용은 다릅니다. 현상에 대한 자신의 생각과 느낀 점을 함께 보고합니다. 향후 어떻게 진행될 것 같은지, 어떤 흐름을 예상할 수 있는지 등 한마디로 현상에 대한 분석을 덧붙이는 것이죠. 여기에서 더 나아가 어떻게 대처할 계획인지 미래에 대한 준비까지 생각해 이야기합니다. 만약 전망이 어둡거나 문제 발생이 우려될 경우에는 해결방안을 미리 준비하는 것이 필수입니다. 앞으로 어떻게 대처할지, 구체적인 해결책이 있는지, 무엇을 새롭게 제안할 수 있는지, 언제까지 무엇을 해야 할지 등 예측할 수 있는 항목들을 정리하여 전달할 때 비로소 의미 있는 보고라고 할 수 있습니다.

앞의 1차원적인 보고에 조감력이 더해지면 아래와 같이

말할 수 있죠.

"오늘 거래처 회사의 담당자를 만나고 왔습니다.(사건) 이야기해보니, 이번 주 안으로 주문을 받을 수 있을 것 같습니다.(전망) 확실하게 메일로 한 번 더 요청해보려고 합니다.(대처)"

"고객에게 항의 전화를 받았습니다. 제품에 결함이 있었다고 하는데, 정중하게 사과하고 교환 제품을 보내겠다고 하니 이해해주셨습니다.(사건) 결함 원인이 내부에 있는 것으로 보아 다른 제품에도 같은 결함이 있을 가능성이 높습니다.(전망) 나중을 위해 개발팀과 함께 재발 방지책을 검토하여, 다음 주 회의에서 보고할 예정입니다.(대처)"

대처 단계까지 이어질 때 비로소 완전한 보고라고 할 수 있습니다. 경험이 부족한 사람일수록 이렇게 생각합니다. '대처는 나의 수준에서 생각할 수 있는 부분이 아니야.' 만약 아무리 고민해도 어떻게 해결해야 할지 모르겠다면 상사에게 "어떻게 하면 좋을까요?"라고 물어보면 됩니다. 그것이 바로 논의로 이어지는 과정입니다. 일하는 사람으로서 갖추어야 할 태도란 바로 이러한 것들입니다.

대처 방법을 모른다는 점에서 능력이 비슷한 수준인 A와 B 두 사람이 있다고 합시다. 이때 A는 상사에게 직접적으로 질문하는 반면 B는 침묵한다면, B보다 A가 일을 하는 데 있어 훨씬 도움이 되는 사람으로 여겨집니다. 그리고 A의 입장에서도 빨리 일을 익히고 배울 수 있기 때문에 B보다 앞서나갈 수 있죠. 만약 당신이 상사라면, 두 사람 중 어떤 팀원과 함께 일하고 싶을까요?

흔히 사람들은 보고의 목적을 잘못 알고 있습니다. 보고는 감시를 위한 수단이나 형식적인 업무 중 하나가 아닙니다. 일을 성공적으로 진행시키기 위한 소통이 그 목적입니다. 즉, 일이 어떻게 진행되고 있는지, 문제가 있다면 어떻게 해결할 것인지 공유하고 논의하기 위함입니다. 그렇기 때문에 상사로 하여금 '그래서?' '어떻게 할건데?' '뭐가 문제인데?'라고 말하거나 속으로 생각하게 만들면 일 못하는 사람, 협업이 잘 안 되는 사람, 함께 일하기 답답한 사람으로 여겨질 수 있습니다. 핵심은 사건이 아니라 앞으로 진행

될 일의 전망과 그에 따른 대처라는 것을 기억해야 합니다. 전망과 대처가 빠진 보고는 알맹이가 없는 껍데기나 다름 없습니다.

행동까지 이어져야 훌륭한 보고

보고의 3요소에서도 가장 중요한 것은 결국 대처입니다. 사건과 전망이 있어도 대처가 없으면 일이 진전되지 않으니까요. 이 부분을 통해 당신이 일에 얼마나 많은 열정과 책임감을 느끼는지가 집약적으로 드러나게 됩니다. 대처법을 생각하느냐 안 하느냐, 어떻게 대처하려고 하는가에 따라 유능한 사람과 무능한 사람이 결정적으로 나뉜다고 해도 과언이 아닙니다.

출판사를 예로 들어봅시다. 직원들에게 이 책을 베스트셀러로 만들라는 지시를 내렸죠. 이때 직원들이 "무조건 잘 팔아보겠습니다!" "다 팔아 올 테니 맡겨주십시오!"라고 대답한다면 어떨까요?

물론 자신감 넘치고 열정적인 태도가 못마땅하지는 않습니다. 그러나 좋은 성과를 기대하기 위해서는 반드시 자신감과 열정에 대한 근거가 필요합니다. 근거 없는 주장은 아무런 설득력을 갖지 못하니까요. 그러니 대처에서도 마찬가지로 반드시 미래 예측을 감안한 구체적인 행동이 뒷받침되어야 합니다.

"요즘 젊은 독자들은 SNS 추천을 통해 책을 고릅니다. 팔로워가 많은 인플루언서들에게 이 책을 SNS에 소개해달라고 제안해두었습니다. 발매 전에 입소문을 쫙 퍼뜨릴 겁니다!"

이런 식으로 효과적인 홍보를 위해 어떤 행동을 취하고 있는지 구체적으로 보고한다면 일을 믿고 맡길 수 있는 팀원에 가까워집니다. 또한 서로 쓸데없는 에너지를 소모하지 않아도 되기에 일은 더 효율적으로 진행되며 좋은 성과로 이어질 가능성이 높아집니다. 사건과 전망을 바탕으로 대처에 필요한 구체적인 행동을 계획하거나 실천하는 것이 모든 일에서 가장 중요한 부분입니다. 그러므로 일을 할 때는 '이 다음에는 무엇을 해야 할까? 무엇을 할 수 있을까?' 항상 생각하고 이를 행동으로 옮기는 습관이 필요합니다. 일을 대하는 이러한 태도가 바로 회사에서 능력 있는 인재로 인정받을 수 있는 기본기가 됩니다.

상대가 다음에 무엇을 요구할지 예측하는 사람은 꽤 많습니다. 하지만 그것을 행동에 옮기는 사람은 아주 적지요. 조감 안테나가 아주 예민한 사람은 가까운 미래를 읽자마자 이미 행동을 개시합니다. 행동하느냐 하지 않느냐가 압도적인 성과의 차이를 낳는 출발점입니다.

일 잘하는 사람의 보고

◇◇◇◇◇◇◇◇◇◇◇◇

보고의 핵심은 사건이 아니라 앞으로 진행될 일의 전망과 그에 따른 대처입니다. 일을 할 때는 '이 다음에 무엇을 해야 할까? 무엇을 할 수 있을까?' 항상 생각하고 행동하는 습관이 필요합니다.

일의 순서를 정할 때
가장 먼저 고려해야 할 것

일을 할 때 상대의 일정을 배려하는 것은 무척 중요합니다. 회사를 다니는 직장인이든, 프리랜서이든, 심지어 CEO라 할지라도 혼자 일을 하는 사람은 없으니까요. 함께 일을 진행하는 사람의 일정을 배려하라는 말이 꼭 비서처럼 상대의 모든 일정을 완벽하게 꿰고 있어야 한다는 뜻은 아닙니다. 단지 상대의 업무 우선순위를 중요하게 고려해야 한다는 것입니다.

우선순위를 생각하지 않고 무턱대고 일을 하는 사람은 아무리 필사적으로 일을 해도 업무 진행이 순조롭지 못할 가능성이 큽니다. 예를 들어, 먼저 진행 중이던 업무가 있다하더라도 급하게 곧바로 처리해야 할 일이 있다면 일의 순서는 달라집니다. 이렇듯 모든 업무에는 처리해야 할 마감기한이 다르기 때문에 그에 맞춰 업무 일정을 시시각각 조정하는 순발력이 중요합니다. 평소에 일의 우선순위를 고려하지 않고 고지식하게 일을 하는 사람은 일의 속도나 결과물에 대해 부정적인 평가를 받게 됩니다.

우선순위에 따라 일의 순서를 정하라

자신의 업무 중요도를 따지는 것만큼이나 함께 일하는 상대방의 우선순위를 정확히 파악하는 것이 중요합니다. 당신이 상사로부터 업무 지시를 받았다고 합시다. 이때 당신은 상사가 이 일을 얼마나 중요하게 생각하는지부터 먼저 알아야 합니다. 중요한 일일수록 빠르게 따라주어야 할 테니까요. 만약 이를 전혀 고려하지 않고 '나중에 해도 되겠지'라며 넘겨버리고서 천천히 진행했다가, 나중에야 그것이 지금 당장 처리해야 할 업무였음을 알고 당황하는 경우가 많습니다. 빨리 달라고 재촉을 받고서야 황급히 허둥지둥 처리하는 것은 일의 우선순위를 따지지 않았기 때문입니다.

업무별로 어떤 순서로 처리해야 할지 정확히 계산해 기한을 정하는 것은 일 잘하는 사람이 머릿속에 탑재하고 있는 기본 시스템입니다. 제 경우는 업무를 처리할 마감 기간에 따라 아래와 같이 5등급으로 나누고 있습니다.

1등급 업무	1시간 이내
2등급 업무	반일 이내
3등급 업무	하루 이내
4등급 업무	다음날 이후
5등급 업무	1주일 이내

5등급 안에 들지 않는 일은 더 천천히 해도 되는 일입니다. 즉, 우선순위에서 밀리는 일이라고 할 수 있죠. 일을 할 때는 모든 업무를 똑같은 경중을 두고 처리한다면 융통성이나 순발력이 없는 사람으로 보이고, 심지어 게으름 피우는 사람으로 보일 가능성이 큽니다.

상사는 1시간 이내로 진행해주길 기대했는데 다음날까지 아무런 소식이 없으면 답답해할 것입니다. 기다리다 결과물을 재촉했을 때 미완성이거나 기대에 미치지 못하면 실망은 더 커지겠죠. 그렇다고 상사가 지시한 모든 업무를 무조건 빠르게 처리하라는 것은 아닙니다. 그러다 보면 정작 중요한 일을 먼저 처리하지 못하는 경우가 생길 수 있습니다. 오히려 별 것 아닌 일에 에너지를 쏟는다며 핀잔을 들을 수도 있습니다.

일을 빠릿빠릿하게 잘한다는 것은 무조건 빨리 끝내는 것이 아닙니다. 업무의 우선순위를 매겨 적절한 속도로 자신의 일정을 유연하게 조정할 줄 알아야 합니다. 일의 중요도를 따져 계획적으로 할 때, 노력은 노력대로 하고도 게으르다는 평가를 받는 우를 범하지 않을 수 있습니다.

구체적인 기한 확인이 먼저

조감력이 뛰어난 사람은 업무가 주어졌을 때 반드시 "언제까지 하면 됩니까?"라고 구체적인 기한을 확인합니다. 그러나 이를 확인하지 않는 사람이 대부분입니다. 예를 들어 상사가 "발표 자료를 만들어줄 수 있겠나?"라고 말하면 보통 "네, 알겠습니다"라고 대답합니다. 물론 틀린 대답은 아닙니다. 하지만 일이 언제까지 진행되어야 하는지 일정을 챙기고, 기한 내에 처리할 때 제대로 평가받을 수 있습니다.

지시받은 일은 항상 "언제까지 끝내면 될까요?"라고 자세히 확인하는 것이 좋습니다. 상사가 "그 일은 어떻게 되어 가고 있나요?"라고 묻게 만들지 마십시오. 이 말은 상사가 답답함을 더 이상 참지 못하고 불안한 마음이 들기 시작했다는 뜻입니다. 혹시라도 당신이 그런 질문을 받는다면, 일의 중요도를 제대로 파악하지 못했다는 것을 즉시 인지해야 합니다. 그리고 최대한 빠르게 완료해야 합니다.

앞으로 어떤 일이든지 반드시 기한을 확인하는 습관을 들이십시오. 결과를 떠나서 기한을 매번 확인하는 습관만으로도 상대와 자신 둘 다에게 안정감을 줄 것입니다. 기약 없는 일만큼 막연하고 불안한 것은 없습니다.

일 잘하는 사람의 일정 관리

조감력이 뛰어난 사람은 업무가 주어졌을 때 반드시 "언제까지 하면 됩니까?"라고 구체적인 기한을 확인합니다. 상사가 "그 일은 어떻게 되어 가고 있나요?"라고 묻게 만들지 마십시오. 이 말은 상사가 답답함을 더 이상 참지 못하고 불안한 마음이 들기 시작했다는 뜻입니다.

급한 업무를 제대로
부탁하는 방법

　동료나 후배, 거래처 등에 급하게 일을 요청하는 경우를 생각해봅시다. 어떻게든 오늘 중에 끝내야 하는 일입니다. 어떻게 부탁하는 것이 좋을까요? '상대도 바쁜데 이렇게 요구하면 힘들지 않을까?' '그런 부탁을 하면 부담이 되지 않을까?' 하며 주저하게 되지요. 그것이 상대에 대한 배려라고도 생각합니다. 물론 필요 이상의 요구를 하거나 불가능한 일정을 제시하는 것은 삼가야 합니다. 하지만 꼭 필요한 일이라면 최대한 빠르게 처리해줄 것을 요구할 수 있어야 합니다. 상대에게 다소 무리가 될지언정 우물쭈물해서는 안 됩니다. 배려한답시고 상대의 눈치를 살피며 지나치게 조심스럽게 굴다가 오히려 일을 망칠 수도 있습니다. 일정이 시급한 일이라면 무슨 일이 있어도 기한 안에 마감해야 한다고 명확히 알리고, 실제로 그렇게 하도록 만드는 것 또한 당신의 능력에 포함됩니다.

갑자기 일을 부탁할 때 지켜야 할 3가지

마감이 촉박한 일을 급히 부탁할 때에는 긴급한 이유를 충분히 설명하여 상대를 이해시키는 것이 중요합니다. 또한 반드시 기한을 명확히 정해 알려주어야 합니다.

> "중요한 거래처인 A사의 프레젠테이션이 내일 오후 3시로 갑자기 결정되었습니다. 그래서 내일 오후 1시까지는 자료가 반드시 완성되어야 합니다. 바쁘신 와중에 죄송하지만 내일 오후 1시까지 꼭 좀 부탁드려도 될까요?"

이처럼 '왜' 서둘러야 하며 '언제까지' 일을 끝내야 하는지를 명확히 해야 합니다. 정당한 이유를 밝히지 않으면 상대의 입장에서는 불쾌하기 마련입니다. 쓸데없이 재촉한다, 막무가내로 일을 맡긴다는 식의 인상을 주기 쉬우니 각별히 주의해야 합니다. 또한 구체적인 일정을 명시하지 않으면 상대가 임의로 업무를 진행해 당초 계획했던 일정을 지키지 못할 수 있습니다. 나중에 곤란해지는 상황을 방지하기 위해서 기한을 명시해주는 것입니다.

상대에게 급박한 상황을 이해시키고자 할 때에는 정당한 이유와 명확한 일정, 그리고 하나의 요소가 더 필요합니다. 바로 허락을 구하는 말투입니다. 즉, '부탁드립니다'보다 '부탁드려도 될까요?'라고 의문형을 사용하는 것이 더 좋습니다. 의문형을 쓰면 결정권이 상대에게 있다는 뜻이기 때문입니다. 입장을 바꾸어 내가 이러한 부탁을 받는다고 생각하면 어떤가요? '어쩔 수 없지 뭐. 해주자' '이렇게까지 말하는데 해줘야지' 이런 생각이 들어 급하지 않은 다른 업무를 미루어서라도 부탁을 들어주려고 할 것입니다. 그러나 아주 사소한 차이지만 '부탁드립니다'라고 하면 생각이 달라질 수 있습니다. '안 그래도 바쁜데 어떻게 해줘!' '아니 갑자기 이렇게 요청하면 어쩌라는 거야?'라는 생각이 들면서 거부감과 화를 불러일으킬 수 있는 여지가 있습니다.

협력이 필요한 업무를 최우선으로

일을 하다 보면 예상치 못하게 다급한 상황이 생기기 마련이지만, 사실 이렇게 급히 업무 처리를 요청하는 일은 거의 없도록 해야 합니다. 급한 부탁을 여러 번 하면 어느 순간 함께 일하는 상대에게 배려 없고 이기적인 사람이 되어버립니다. 주변을 둘러보세요. 항상 아슬아슬하게 가까스로 업무를 마무리하고 넘기는 사람이 있지 않나요? 만약 그런 사람과 함께 일을 하고 있다면 '일주일, 아니 최소한 이틀 전에라도 미리 말해주지… 꼭 이렇게 급하게 일을 부탁해'라는 생각이 자주 들 것입니다.

자신의 일을 잘 챙기는 사람은 누가 재촉하지 않아도 스스로 마감일을 정합니다. 반드시 기한 내에 끝내겠다는 자신과의 약속을 지키려고 합니다. 그래서 결코 상대방의 업무에 차질을 빚는 일이 없습니다. 당연히 이들은 주위 사람들로부터 함께 일하기 편한 사람이라는 평가를 받을 수밖에 없는 것이죠.

게다가 남에게 일을 맡길 때 '조금 일찍 진행해야 한다' '되도록이면 정해진 마감 기한보다 앞당겨서 마무리 지어야 한다'는 원칙을 명심합니다. 이를테면 이 업무는 언제까지 넘긴다라는 생각으로 스스로 마감 기한을 정해, 여유 있게 일을 요청할 수 있도록 계획을 세웁니다. 그리고 이를 자신의 업무 일정에도 적용시켜 일의 우선순위를 조정하는 것이죠. 혹시 모를 문제에 대비해 여유를 두고 하루쯤 일찍 마무리한다는 생각으로 계획을 짜는 것이 가장 이상적입니다.

당신이 한 시간 후에 들어갈 회의 자료를 아직 준비하지 못했다면 무척 초조하고 불안하지 않을까요? 무사히 시간 내에 공유한다고 해도 한번 정리할 시간도 없이 허겁지겁 회의에 들어갈 가능성이 높지요. 반면 하루 전날 자료를 완성한다면 당신에게는 준비할 시간적 여유가 생기므로 훨씬 더 완성도 있는 발표를 할 수 있겠죠. 또한 다른 회의 참석자들에게도 검토해볼 시간이 주어지므로 보다 건설적이고 생산적인 회의가 이루어집니다.

대부분의 직장인은 다른 사람에게 요청하거나 검토를 받아야 하는 업무와 혼자 처리하는 업무를 동시에 갖고 있습니다. 그렇다면 남에게 요청해야 하는 업무를 최우선으로 진행하고, 혼자 끝낼 수 있는 업무를 후순위로 미루는 것이 협력의 기본적인 자세입니다.

일 잘하는 사람의 협조 요청

◇◇◇◇◇◇◇◇◇◇

상대에게 급박한 상황을 이해시키고자 할 때에는 정당한 이유와 명확한 일정, 그리고 하나의 요소가 더 필요합니다. 바로 허락을 구하는 말투입니다. 즉, '부탁드립니다'보다 '부탁드려도 될까요?'라고 의문형을 사용하는 것이 더 좋습니다. 의문형을 쓰면 결정권이 상대에게 있다는 뜻이기 때문입니다.

함께 일하는 사람의
리듬을 타라

앞에서 상대가 자신에게 무엇을 기대하는지 파악하는 것이 중요하다는 이야기를 했는데, 그러려면 상대의 성향을 이해할 필요가 있습니다. 협업을 할 때는 상대의 리듬을 함께 탈 줄 알아야 합니다. 예를 들어 상사가 일을 서둘러 추진하기를 좋아하는 유형이라면, 그런 성향에 맞춰 무슨 일을 하든지 정해진 기한보다 한 발 앞서 행동하는 것이 좋습니다. 그리고 이처럼 상대의 유형을 파악하기 위해서는 무엇보다 평소에 상대를 면밀히 관찰해야 합니다.

'우리 과장님은 언제나 업무 시작 1시간 전에 출근하니

까 무슨 일이든 아침 일찍 추진하는 게 좋겠어.'

'민혁 씨는 오전에는 자기 업무에 몰입하니까 의논할 게 있으면 점심 이후에 가져가는 게 좋겠어.'

꾸준히 관찰하면 상대방의 업무 리듬을 알 수 있습니다. '팀장님은 완벽한 아침형 인간이구나. 하지만 매일 출근하자마자 책상 앞에 앉아 신문을 읽으니 오전에는 말을 걸지 않는 편이 좋겠어. 단, 오후 4시 이후에 일을 가져가면 늦었다고 생각할 테니 점심시간 끝나고 말씀드리면 괜찮을 것 같군.' '과장님은 저녁형 인간이라 오전에는 매우 예민한 상태야. 점심을 먹고 나면 기분이 좋아지니 새로운 기획안은 오후 2시 이후에 가져가자.' '저 사람은 금요일에 항상 일찍 퇴근하니까, 거래처 상담이나 업무 의뢰는 되도록 수요일 혹은 목요일 이전에 끝내는 게 좋겠다.' 범위를 좀 더 넓혀서 보면, '저 부서는 월말에 아주 바빠져. 그러니까 업무 의뢰는 중순 이전에 하는 게 좋겠어'라고 생각할 수도 있습니다.

이런 식으로 개인마다 다른 성향을 존중하고 상대방이 처한 상황이나 기분을 고려하여 일을 진행하는 것이 좋습니다. '내가 왜 상대의 기분까지 맞춰서 일해야 하지?'라는 생각이 드나요? 물론 상대방에게 무조건 맞춘다고 생각하면 다소 짜증스러울 수 있습니다. 그러나 이는 결국 자기 자신을 위한 일입니다. 영리하게 타이밍만 잘 맞추면 순조롭게 넘어갈 수 있는 일을 적절하지 못한 때에 하면 매번 손해를 보게 됩니다.

살아가는 데 있어 모든 일에는 적절한 시기라는 것이 있습니다. 업무 역시 예외는 아닙니다. 그러한 적절한 시기 즉, 타이밍을 잘 맞추는 사람이 곧 현명하고 영리한 사람입니다. 따라서 상대의 리듬을 알고 그 리듬에 자신을 맞추려고 노력하면 서로 기분 좋고 원활하게 일을 추진할 수 있습니다.

눈치만 보다가는 아무것도 못 한다

다른 사람에게 무언가 묻거나 보고하거나 의논하려고 할 때 역시 적절한 '때'를 맞추는 것이 매우 중요합니다. 물론 일이란 갑작스럽게 생기기도 하고 예상치 못한 상황도 얼마든지 생기기 마련입니다. 그렇기 때문에 상대의 리듬을 파악한다고 해서 언제나 최적의 타이밍을 맞출 수 있는 것은 아니겠지요. 하지만 주위를 둘러보면 이런 불가피한 상황이 아니더라도 상사에게 말을 걸 타이밍을 잘 포착하지 못하는 사람이 꽤 많습니다.

항상 바빠 보이는 상사에게 말을 걸기란 쉽지 않죠. 그래서 하루 종일 눈치만 보고 우물쭈물하다 어느새 퇴근 시간이 다가옵니다. 그때서야 하는 수 없이 "드릴 말씀이 있습니다"라고 주저하던 이야기를 꺼내면 상사의 반응은 차갑습니다. 하루 일과를 마치고 한숨 돌리며 퇴근 준비를 하는데, 새로운 일이 주어진다고 생각해보세요. 당신이라면 어떻겠습니까? 이는 누구라도 귀찮고 짜증날 일입니다. 망설이다 퇴근할 때가 되어버렸다면, 차라리 다음날에 다시 적절한 기회를 엿보는 것이 좋습니다.

만약 어떻게든 오늘 안에 해야 할 이야기인데 타이밍을 못 잡겠다면, 메모를 전달하는 것도 좋은 방법입니다. '일정 변동 건으로 상담이 필요합니다. 10분 정도 시간을 내주실 수 있을까요?' 라고 메신저를 이용해 미리 동의를 구하거나 쪽지에 써서 전달하고 곧바로 물러나면 됩니다. 이렇게 하면 일에 집중하고 있는 상대를 방해하지 않고 내 메시지를 전달할 수 있습니다. 게다가 직접 말을 걸어야 하는 부담도 덜 수 있는 방법이죠.

빛나는 순발력은 집중에서 나온다

정확한 타이밍을 포착하고 그것을 잘 활용하는 사람은 큰 일을 성취할 기회를 잡을 수 있습니다. 한번은 이런 일이 있었습니다. 즐겨 찾는 선술집에서 회사 직원과 함께 술을 마시고 있었습니다. 이 자리는 회의의 연장이었죠. 그때 가게 안으로 외국인 남녀 한 쌍이 들어왔고, 일본어를 전혀 못하는 것 같았습니다. 그래서 저와 직원이 "이 집에서는 이 요리가 맛있어요"라고 알려주었습니다. 고마운 마음에서 그랬는지 두 사람은 우리와 합석을 하려고 했습니다. 만약 당신이 저와 함께 있던 직원이었다면 어땠을까요? 그들을 환대해야 할지, 아니면 이 자리를 만든 제 반응을 잠자코 기다려야 할지 고민되지 않았을까요? 심지어 업무에 대한 이야기를 나누고 있던 중이었다면 더욱 갈등이 되는 상황입니다.

저는 "어서 오세요"라고 말하며 그들을 맞이했고, 제 말이 끝나기도 전에 함께 있던 직원도 동시에 반겼습니다. 이는 불과 1초도 안 되는 아주 찰나의 순간에 일어난 일이었습니다. 만약 이때 직원이 저보다 조금만 먼저 반응했더라면 제가 "죄송하지만, 저희가 지금 영업 회의를 하고 있어서 곤란합니다"라고 거절했을지도 모릅니다. 반대로 두 사람과 함께 자리를 가지려고 "어서 오세요"라고 한 말에 직원이 곧바로 동조하지 않았다면 민망한 분위기가 되었을 것입니다. 심지어 외국인에게 보인 나의 호의적인 태도를 직원이 무시했다고 생각했을지도 모릅니다. 눈 깜짝할 사이에 지나간 일이지만, 이 같은 돌발 상황에 올바르게 대처하느냐가 비즈니스 관계를 좌우할 수도 있습니다.

거래처나 고객과의 상담에서는 단 1초 사이에 사람의 마음이 완전히 뒤바뀔 수 있습니다. 그리고 그로 인해 자신의 인생에 큰 영향을 받게 될지 모릅니다. 지나치다고 생각할 수도 있지만 실제로 제 주변의 성공한 사람들은 모두 타이밍에 매우 민감합니다. 조감력이 발달한 사람은 중요한 국면에 처할 때마다 상대에게 온 신경을 집중하며 1초도 긴장을 늦추지 않습니다.

저는 젊은 시절에 영어 연수 상품을 판매했었습니다. 지금 돌이켜보면 당시 연수 내용이 그다지 훌륭하지 않았습니다. 그런데도 판매가 잘되었던 이유는 거래처와 우호적인 관계를 지속해나가기 위해 한 번도 빈틈을 보이지 않았기 때문입니다.

감사 인사는 신속하고 성의 있게

특히 타이밍을 놓쳐서는 안 될 일이 바로 감사 인사입니다. 예를 들어 거래처에게서 접대를 받았거나 예전부터 함께 일하고 싶었던 거래처 담당자를 어렵게 만났다고 합시다. 당신이라면 그 일에 대한 감사 메시지를 언제 보내겠습니까? 저녁을 대접받은 것에 대해 '어젯밤에는 정말 감사했습니다'라는 메시지를 보내고 싶다면 다음날 아침에 출근하여 책상 앞에 앉자마자 보내는 것이 좋습니다. 혹은 점심 대접을 받았다면 반드시 그날 안에, 아무리 늦어도 저녁에는 '오늘 정말 감사했습니다'는 말을 전해야 합니다.

이 타이밍을 놓쳐 다음날 저녁에나 감사 인사를 한다면 상대방쪽에서는 잊어버렸다가 이제야 황급히 메시지를 보냈다고 생각하기 쉽습니다. 즉, 서로 특별한 관계라서가 아니라 그저 형식적이고 의무적인 인사치레라고 생각합니다.

한 발 더 나아가, 보다 진심을 다해 감사하는 마음을 전하고 싶다면 문자 메시지보다는 손 편지가 좋습니다. 모든 소통이 전자화된 시대이기 때문에 시간을 들여 편지지에 직접 적은 메시지가 상대방의 심금을 울릴 것입니다.

광고업에 종사하는 한 카피라이터에게서 이런 이야기를

들었습니다. 그녀가 예전에 들었던 카피라이터 양성 그 강좌에는 매번 업계의 유명인사가 강사로 등장했다고 합니다. 그리고 세미나가 끝난 후에는 항상 친목회가 열렸으므로 그녀 역시 그 모임에 참석하여 강사의 명함을 받았습니다. 그녀는 모임이 끝나고 밤늦게 귀가하자마자 강사에게 친필로 편지를 썼습니다. '이런 내용이 매우 유익했습니다'라는 말을 적어 다음날 아침에 우체통에 넣었습니다. 같은 구내에서는 빠르면 다음날에 편지가 도착하므로, 강사는 '그저께 강좌에 참석한 수강생이 벌써 감사 인사를 보내왔네. 심지어 정성스럽게 쓴 손 편지로!'라며 놀랐을 것입니다. 그녀는 그런 식으로 강사에게 자신의 이름을 알리고 인맥을 쌓은 덕분에 좋은 일거리를 소개받게 되었고, 지금은 잘나가는 카피라이터로 활약하고 있습니다. 신속하고 성의 있는 감사 인사가 상대의 마음을 사로잡는 데 얼마나 큰 효과를 발휘하는지 이 일화로 알 수 있습니다.

일 잘하는 사람의 타이밍

살아가는 데 있어 모든 일에는 적절한 시기라는 것이 있습니다. 상대의 리듬을 알고 그 리듬에 자신을 맞추려고 노력하면 서로 기분 좋고 원활하게 일을 추진할 수 있습니다.

아주 작은 배려가 불러오는
크나큰 기회

지금까지의 이야기를 종합하면, 일의 전체를 본다는 것은 자신과 상대가 윈윈하는 상황을 만들 수 있다는 뜻입니다. 이런 능력을 하루아침에 갖출 수는 없으므로 평소에 습관을 들이는 것이 중요합니다. 그러려면 비즈니스 현장에서뿐만 아니라 일상생활에서 사소한 일 하나도 세심하게 두루 살피고 배려하는 노력이 필요합니다.

예를 들면, 사람이 북적이는 가게에서 점심을 먹을 때 밖에서 기다리는 사람들을 생각해서 너무 오래 앉아 있지 않습니다. 급하게 먹으라는 말은 아닙니다. 단지 자신의 입장과 이해에 갇혀 있지 말고 주변을 폭넓게 볼 필요가 있다는 뜻입니다. 시야를 넓혀 지나칠 수 있는 것들에 대해 한 번쯤 관심을 기울이고 세심하게 신경을 씀으로써 자신과 타인의 균형점을 찾는 것, 그것이 바로 윈윈입니다.

시키는 일만 할 것인가

도요토미 히데요시가 상사인 오다 노부나가의 마음에 들게 된 계기에 관한 유명한 일화가 있습니다. 어느 추운 겨울 밤, 노부나가가 신발을 신으려는데 신발에서 온기가 느껴졌습니다. 그래서 "내 신발을 깔고 앉아 있었던 괘씸한 놈!"이라며 히데요시를 꾸중했습니다. 그러나 히데요시는 "날이 추워 발이 시리실 것 같아 가슴에 품고 데워놓았습니다"라고 말했습니다. 노부나가는 그 자리에서 아무 말도 하지 않았지만, 나중에 히데요시에게 더 큰 일을 맡겼다고 합니다.

아주 사소한 행동이 불러오는 기회란 바로 이런 것입니다. 일을 하면서, 나아가 인생을 살면서 타인의 마음을 움직이는 것은 아주 작은 세심함입니다. 값비싼 선물을 하거나, 엄청난 시간을 쏟아 붓거나, 무조건 상대가 원하는 것을 들어주지 않아도 괜찮습니다. 단지 한 번쯤 상대의 입장에서 살펴보는 사소한 배려가 당신에게 거대한 전환점을 만들어 줄 것입니다.

예를 들어 당신이 어떤 프로젝트팀의 일원으로 선발되었다고 합시다. 거기서 당신은 상사가 시키지 않았는데도 자료를 한 차례 훑어보고 이렇게 말했습니다. "부장님, 이 자료, 중복되는 내용이 많아 가독성이 떨어지는데요. 문제가 안 된다면 제가 조금 고쳐봐도 될까요? 크게 달라지지 않을 수도 있지만, 조금 더 설득력 있게 바꿔볼 수 있을 것 같습니다."

지시받은 일밖에 못 하는 지시 대기형 인간이 많은 상황에서 이런 태도로 일한다면 상사는 당신을 어떻게 생각할까요? 말로는 "그건 자네 일이 아니지 않나?"라고 하면서도 속으로는 '태도가 좋은 친구네'라고 생각할 것이 틀림없습니다. 즉, 시킨 일뿐만 아니라 주도적으로 일을 찾아서 하는 사람이 되어야 합니다.

해보기 전에는 알 수 없다

'쓸데없는 일은 하지 말아야 한다'고 생각하는 사람도 많을 것입니다. 장담하건대, 그렇게 생각하는 사람은 대개 아무 일도 하지 않는 사람입니다. 물론 정말로 쓸데없는 일도 있긴 합니다. 그래서 간혹 지적을 받을 수도 있습니다. 그러나 그 일이 쓸모가 있는지 없는지는 해보아야 알 수 있습니다. 해보니까 시간낭비에 불과했다면 다음부터 하지 않으면 됩니다.

그렇습니다. 행동은 나중에 얼마든지 수정할 수 있습니다. 그러니 일단 걸음을 내디뎌봅시다. 쓸데없는 일처럼 보여도 일단 해보는 것입니다. 설사 의미 없는 행동이었다 해도 전혀 행동하지 않은 사람은 얻지 못한 무언가를 반드시 얻게 될 것입니다.

배려란 타인을 위한 마음에서 비롯되는 행동일지라도 결코 자기 자신이 우선순위에서 밀려나거나 손해 보는 일이 아닙니다. 결국 남에게 선으로 베푼 결과는 자신에게 선으로 돌아오기 마련입니다. 히데요시가 노부나가의 신발을 따뜻하게 데웠듯, 상대에게 도움이 되고 싶다는 마음이 있으면 어떤 일도 기꺼이 할 수 있는 힘이 생깁니다. 그렇기 때문에 쓸데없는 일도 힘들게 느껴지지 않고 오히려 즐거운 마음으로 할 수 있습니다. 처음에는 쓸데없는 일처럼 보이는 것도 소홀히 하지 않으면 자신도 모르게 스스로 기회를 만들고, 성과를 내고, 중요한 역할을 맡게 될 것입니다.

'이 기획안을 이렇게 고치면 설득력이 있지 않을까?'
'모레 회의를 이렇게 준비해두면 더 활발하게 논의할 수 있을 거야.'

일이 재미있어지는 단순한 사고방식

당신이 걸음을 내딛기 시작하면 인생이 수동형에서 능동형으로 바뀝니다. 상사가 시킨 일만 하는 사람은 수동적인 사람으로, 대개 '내가 왜 이런 일을 해야 해?'라고 속으로 투덜거리기만 합니다. 대부분의 사람은 남이 하라는 일만 하는 것을 좋아하지 않습니다. 그 일이 시시하고 하찮게 느껴지기 때문이죠. 이는 열정을 식게 만들어서 일을 하면서도 일찍 퇴근하고 싶다는 생각만 머릿속에 맴돌게 만듭니다. 어쩌면 이것이야 말로 진정한 시간낭비가 아닐까요? 심지어 스스로의 능력을 제한해서 무능한 사람으로 만들어버릴 여지도 큽니다. 이러한 점에서 시키는 일만 하는 태도는 자기 자신에게 손해가 되는 최악의 자세 중 하나입니다.

반면 시키지 않아도 '이런 식으로 해볼까?' '이렇게 바꿔보면 어떨까?'라고 생각하며 능동적으로 일하는 사람은 상대를 만족시키기 위한 관점으로 일을 대하지 않습니다. 스스로의 발전과 더 나은 결과를 내기 위한 욕심으로 능력을 발휘합니다. 이런 태도의 차이는 결국 압도적인 차이를 낳습니다. 하찮게 느끼던 똑같은 일도 수동적인 태도를 능동적으로 바꾸면 가치 있는 일이 됩니다. 더불어 당신에 대한 평가도 향상되어 일이 점점 더 즐겁고 재미있어지면, 능력을 더 크게 발휘할 수 있습니다. 그야말로 선순환이 일어나는 것입니다.

여기서 바뀐 것은 일 자체가 아닙니다. 재미없고 지루한 일은 여전히 지루한 일입니다. 그러나 당신의 사고방식, 마음가짐이 달라지면 똑같은 일이 재미있고 흥미롭게 느껴질 것입니다. 인생을 살면서 누구나 어려운 일을 겪지만 모두가 힘들고 괴롭게 살지는 않습니다. 같은 일을 남보다 즐겁고 활기차게 하는 사람은 능동적으로 일을 대하기 때문입니다.

기회는 능동적으로 일하는 사람에게 온다

수동적인 사람은 능동적인 사람을 결코 이기지 못합니다. 이런 말이 있습니다. 공부 머리가 좋은 사람이 공부가 즐거운 사람을 이길 수 없다. 아무리 재능 있는 사람도 즐기며 몰입하는 사람을 뛰어넘기는 쉽지 않습니다. 그뿐 아니라 능동적으로 일을 하면 조감력이 발달하게 되므로 일의 범위도 넓힐 수 있습니다. 한마디로 할 수 있는 일이 많아지고, 그만큼 능력을 발휘할 수 있는 기회가 늘고, 자신의 경쟁력을 키울 수가 있는 것이죠.

능동적으로 일하는 사람이 항상 승승장구한다는 말이 아닙니다. 그들도 때로는 실패합니다. 그러나 반드시 실패를 어떻게 활용할지 궁리합니다. 만일 영업 성적이 저조하면, '어느 부분이 제일 저조했지?'라고 생각하고 이를 넘어 더 근본적인 원인을 분석합니다. 반면 수동적인 사람은 실패하면 침울해지고 좌절할 뿐입니다. 문제에 부딪히더라도 문제를 돌파할 수 있는 방법을 강구하려고 하면 그 순간부터 능동적인 태도가 생깁니다. '이 부분을 보완해야겠어' 혹은 '이 방향성을 전면 수정해야겠어'라고 결심하면 그것을 실행하기 위한 에너지가 샘솟고 구체적인 행동으로 이어지게 됩니다.

   평소에 전화로 영업을 자주 하는 저의 경우, 강의를 하는 동안에는 통화를 할 수가 없습니다. 그래서 '중요한 전화를 받지 못해서 진행하려던 계약이 어그러지면 어떡하지?'라는 두려움이 있었습니다. 제가 생각해낸 방법은 강의 도중에(영어를 가르칠 때) 수강생들에게 "그럼, 여러분. 이 부분을 잠깐 생각해보세요"라고 말한 뒤, 잠시 자리를 떠나 통화를 하는 것이었습니다. "그렇게까지 해야 돼?"라고 하는 사람들도 있었습니다. 그러나 스스로 발전하기 위해 '그렇게까지 하는' 사람이 압도적인 결과의 차이를 만듭니다. 작은 것 하나도 그냥 지나치지 않는 사람은 결국 스스로 더 많은 기회를 만들어 더 많은 가능성을 창출해내니까요.

일 잘하는 사람의 사고방식

시키지 않아도 능동적으로 일하는 사람은 상대를 만족시키기 위한 관점으로 일을 대하지 않습니다. 스스로의 발전과 더 나은 결과를 내기 위한 욕심으로 능력을 발휘합니다.

능력이 되는
태도 2
공감력

관찰과
배려는
삶의 무기가
된다

눈치가 빠르고
부지런하다는
평가를 받는다

상대에게
무엇이 필요한지
알아차린다

예의 바르고
반듯해 보인다

붙임성이 좋아서
친밀한 관계를
잘 맺는다

사소하지만
반복되는 친절

공감은 흔히 쓰는 말이지만 대부분 그 의미를 너무 얕게 이해하고 있습니다. 지인이나 동료가 슬픈 일을 당하면, 누구나 순간적으로 '안타깝다' '무언가 해주고 싶다'고 생각합니다. 그러나 그저 생각에 그치는 것은 공감이 아닙니다. 동양인은 특히 눈에 보이지 않는 배려, 위로, 관심을 중시하는 경향이 있습니다. 물론 눈에 보이지 않는다고 해서 타인의 선한 마음을 함부로 의심하거나 거짓이라고 치부할 수 없습니다. 다만 비즈니스 현장에서는 구체적인 행동이 동반되는 것이 무척 중요합니다. 비즈니스 세계란 어쩔 수 없이 눈에 보이는 실체로 평가하는 곳이니까요.

당신이 아무리 상대에게 호감을 갖고 마음을 써도 그것을 행동으로 드러내지 않으면 상대는 알 수 없습니다. 표현하지 않는 마음은 알기 어려운 법이니까요. 아무리 사소한 행동이라도 좋습니다. 혼자 마음속에 간직하지 말고 무조건 행동으로 옮기도록 합시다. 말 한마디 먼저 건네거나 점심시간에 커피 한잔 사는 것은 별 것 아닌 것처럼 보이지만 훌륭한 방법입니다. 이렇게 일상에서 사소한 행동들을 반복적으로 활용하면 공감 능력을 가장 효과적으로 발휘할 수 있습니다. 당신이 할 일은 단 하나, 매우 간단한 일입니다. 상대에 대한 당신의 호감을 말로 표현하는 것입니다.

공감은 행동으로
완성된다

원래 공감 능력이 평균 이상으로 뛰어난 사람들은 행동력이 조금 떨어지는 경향이 있습니다. 섬세하게 상대를 이해하여 같이 나눌 수 있는 부분을 잘 짚어내지만, 그것이 항상 행동으로 이어지지는 않습니다. 속으로 생각만 하기보다 말로 자주 표현하면 공감 능력을 더욱 강력하게 발휘할 수 있습니다.

한 가지 방법을 제시하자면 '엘리베이터 대화'를 추천합니다. 보통 다른 사람과 함께 엘리베이터를 탈 때 "몇 층 가세요?"라고 묻고 버튼을 눌러줍니다. 이때 많은 에너지나 비용이 들지는 않습니다. 층수를 묻는 정도의 아주 작은 의지와 에너지만 있으면 당신은 상대와 훨씬 더 좋은 관계를 맺을 수 있습니다. 말을 거는 데 필요한 아주 작은 용기와 수고를 아끼지 맙시다.

같은 아파트에 살거나 같은 회사에서 일하는 사람과 마주쳤을 때 쭈뼛거리며 눈치만 살피고 입을 꾹 닫고 있는 사람이 의외로 많습니다. 심지어 얼굴을 아는 사람을 마주쳐도 마음속으로만 인사를 해놓고 할 일을 다했다고 생각하는 사람이 얼마나 많은지요!

인사를 할 때는 작거나 낮은 목소리로 중얼거리듯이 하지 말고, 약간 크다 싶은 정도로 확실히 합시다. 이것만으로도 호감형 이미지, 예의 바르고 친절한 사람이라는 인상을 줄 수 있습니다. 한 번 두 번 거듭될수록 마음을 말로 표현하는 습관이 자연스럽게 몸에 밸 것입니다.

말을 안 하면 어떻게 알겠습니까?

반대로 누군가 승강기 버튼을 대신 눌러주었다면 "감사합니다"라고 소리 내어 인사합시다. 간혹 타인의 배려에도 스마트폰만 쳐다보며 전혀 인사를 하지 않는 사람이 있습니다. 가볍게 머리만 숙이는 사람도 많습니다. 그들은 그것으로 충분히 감사 인사를 건넸다고 생각합니다.

동양의 '말하지 않아도 아는 문화' 때문인지도 모르지만, 특히 감사의 마음은 말로 표현하지 않으면 전해지지 않습니다. '감사합니다'라는 말이 입 밖으로 나오는 순간 주변 분위기가 밝아집니다. 짧은 말 한마디로 삭막한 침묵을 깨고 생기를 불어넣을 수 있습니다. 그러니 감사의 표현은 아끼지 맙시다.

또 감사의 말만큼이나 중요한 것이 사과의 말입니다. 사과해야 할 때는 즉시 "죄송합니다" "미안했습니다"라고 말합시다. 인사, 감사, 사과의 말이 반사적으로 나올 정도로 평소에 연습해야 합니다. 이러한 말은 타이밍을 놓치면 효과가 전혀 없습니다. 만에 하나 골든타임을 놓쳐 의도하지 않은 오해를 사게 되면 그 오해를 풀기가 쉽지 않을 것입니다. 일상에서 숱하게 일어나는 감사와 사과는 사소해 보이는 만큼 바로 잡기가 매우 힘듭니다. 마치 꼬일 대로 꼬여버린 매듭을 푸는 일과 같습니다. 밧줄처럼 굵은 줄보다 가느다란 실의 매듭을 푸는 일이 훨씬 더 어려운 것처럼 말이죠. 그러므로 인사할 타이밍, 감사할 타이밍, 사과할 타이밍을

놓치지 않도록 합시다. 만약 생각을 정리하며 준비할 시간
이 필요한 경우라면 일단 "감사합니다" "죄송합니다"라고 1
차로 결론만 간단하게 말하고, 그 뒤에 구체적인 생각을 정
리하여 2차로 전달하는 것이 올바른 순서입니다.

일 잘하는 사람의 스몰토크

◇◇◇◇◇◇◇◇◇◇

'엘리베이터 대화'를 추천합니다. 보통 다른 사람과 함께 엘리베이터를 탈 때 "몇 층 가세요?"라고 묻고 버튼을 눌러줍니다. 층수를 묻는 정도의 아주 작은 의지와 에너지만 있으면 당신은 상대와 훨씬 더 좋은 관계를 맺을 수 있습니다. 말을 거는 데 아주 작은 용기와 수고를 아끼지 맙시다.

다가가야 할 때와
물러서야 할 때

공감 안테나를 잘 활용하는 사람은 마치 다정한 어머니처럼 상대의 오감에 적극적으로 공감하여 이런 말을 자주 합니다.

"춥지 않으세요?"
"많이 아팠겠네요. 괜찮으세요?"

어머니는 아이를 걱정하며 "춥지 않니?" "감기 걸리지 않도록 따뜻하게 입어" "잘 먹고 다니니?"라고 자주 말합니다. 아주 가까운 사이가 아닐지라도 비즈니스에서 다른 사람들을 이렇게 챙기면 친절한 사람 또는 따뜻한 사람이라는 평가를 받게 됩니다.

"덥지 않으세요?"
"목마르지 않으세요?" "배고프지 않으세요?"
"시끄럽지 않으세요?"
"피곤하지 않으세요? 몸은 괜찮으세요?"

오감은 누구나 느끼는 공통적인 감각이라서 공감하기 쉽습니다. 여기서 중요한 것은 공감 능력이 뛰어난 사람들은 어떻게 행동하는가입니다. 혼자 속으로만 생각하는 것은 진정한 의미의 공감이라고 말할 수 없습니다. 말로 인사함으로써 감사한 마음과 미안한 마음을 표현하는 것처럼 공감도 보다 구체적인 말이나 행동이 뒤따를 때 상대에게 전해지고 힘을 발휘합니다.

차별화된 공감 표현법

"추웠겠네요"라는 말은 상대의 상황이나 기분을 이해한다는 표현입니다. 여기에서 그쳐도 잘못된 것은 아닙니다. 하지만 조금 더 친밀하고 좋은 관계를 맺기 위해서는 한 단계 더 나아가 상황에 맞는 제안이 필요합니다. 어렵게 들릴지 모르지만 결코 어려운 이야기가 아닙니다. 예를 하나 들어봅시다.

추운 날 거래처 직원이 당신의 회사를 찾아왔다고 합시다. 거래처 직원에게 뭐라고 말하면 좋을까요?

"많이 추우셨죠? 난방 온도를 좀 더 올려드릴게요."

어떻습니까? 화자는 상대의 상황과 기분에 대한 이해를 말로 드러낸 후, "난방 온도를 좀 더 올려드릴까요?"라며 구체적인 행동을 제안했습니다. 이렇게 공감한 직후 무언가 제안하는 것이 중요합니다. 상대는 제안으로 인해 자신이 중요한 사람으로 배려 받았다는 생각에 감사함을 느끼기 때문입니다. 단순히 이해 수준의 공감에 그친다 해도 관계를 해치지는 않습니다. 하지만 관계를 발전시켜 원하는 것을 얻어내기에는 부족합니다. 이해와 제안이 하나의 문장처럼 연결될 때, 공감은 비로소 능력이 됩니다. 말 한마디를 덧붙임으로써 호감을 사고 우호적인 관계를 맺을 수 있다면 비즈니스에서 매우 강력한 무기가 될 것입니다.

여기서도 마찬가지로 타이밍을 주의해야 합니다. 이해와 제안의 말은 대체적으로 얼굴을 마주하자마자 건네는 것이 좋습니다. 예를 들어 시간이 지난 다음에 이러한 말을 하면 늦습니다.

"밖이 많이 덥죠? 시원한 음료를 가져올게요."
"먼 길 오시느라 고생하셨습니다. 비가 왔었나 보네요. 몸이 젖었는데 닦을 것 좀 가져다드릴까요?"
"서서 이야기하느라 피곤하시죠? 초콜릿 하나 드시겠어요?"
"회의가 늦게 끝났네요. 화장실 먼저 쓰실래요?"

이러한 공감과 배려의 말은 즉시 이루어지지 않으면 효과가 없거나, 다른 상황으로 흘러가버려 말을 꺼낼 수 없게 됩니다. 타이밍만 놓치지 않고 이해와 제안을 통해 염려하는 마음을 표현하면, 배려심이 많은 사람이라는 인상을 강하게 남길 수 있습니다.

원하지 않는 관심은 참견이다

종종 공감 안테나를 엉뚱하게 쓰는 바람에 역효과를 만드는 경우도 있으니 주의해야 합니다. 상대의 상황이나 감정을 알아채고 곧바로 공감해주는 것은 좋지만, 모르는 척하는 편이 더 나은 경우도 있습니다. 이런 상황을 예로 들어볼까요?

아침부터 상사에게 꾸중을 들은 후배가 걱정되어 점심시간에 말을 걸었습니다. "아침부터 힘들었지? 내가 뭐 좀 도와줄까?" 언뜻 보면 기분이 상했을 후배를 챙겨주는 따뜻한 선배라고 생각할 수 있습니다. 하지만 이는 걱정의 말이면서도 불쾌한 일, 민망한 일을 굳이 드러내 당사자에게 정신적 부담을 주는 말이 되기도 합니다. 상대가 스스로 이야기를 하고 싶어 한다면 모를까, 섣부르게 걱정하거나 위로함으로써 꺼내고 싶지 않은 일을 굳이 떠올리게 만들 필요는 없습니다.

어쩌면 이는 이기적인 행동일지 모릅니다. 배려란 본디 자신의 입장보다 상대방의 입장과 처지를 고려하여 신경을 써주는 것입니다. 상대가 원하지 않는 관심과 위로는 배려가 아니라 참견이고 오지랖이라고 할 수 있습니다. 잘못된 배려는 당신의 좋은 의도를 뒤틀어버립니다. 상대가 '왜 이렇게 눈치가 없어?' '이제 이 사람과는 이야기하기 싫다'고 생각하지 않도록 신중하게 행동합시다.

먼저 다가가 챙겨줘야 할지 아니면 모르는 척 지나가야 할지 판단이 서지 않는다면, 말을 걸었을 때 상대가 어떤 반응을 보이는지를 잘 관찰해보세요. 주변의 관심을 불편해하거나 이야기를 피하는 느낌이 든다면 더 이상의 관심은 꺼야 한다는 신호입니다. 그럴 때는 곧바로 상황을 마무리 짓고 상대가 다가올 때까지 기다려주세요. 필요 이상의 관심을 주지 않는 것이 좋습니다. 어느 순간 이야기하고 싶어지면 상대 쪽에서 먼저 그 화제를 꺼낼지도 모릅니다.

함께 일하고 싶은 사람은 다가설 때와 물러설 때를 압니다. 경우에 따라 상대를 혼자만의 시간을 갖도록 내버려둘 줄 압니다. 그리고 나중에 상대가 원할 때 진심으로 걱정해 주거나 도움을 주려고 합니다. 이것이 공감 능력을 융통성 있게 사용하는 사람의 진정한 배려입니다.

일 잘하는 사람의 공감 표현

◇◇◇◇◇◇◇◇◇◇

"많이 추우셨죠? 난방 온도를 좀 더 올려드릴게요." 이렇게 공감을 할 때는 기분을 이해하는 표현을 넘어 상황에 맞는 제안을 함께 하는 것이 중요합니다. 상대는 제안으로 인해 자신이 중요한 사람으로 배려 받았다는 생각에 감사함을 느끼기 때문입니다. 이해와 제안이 함께 하나의 문장처럼 연결될 때, 공감은 비로소 능력이 됩니다.

더 좋은 결과를
얻기 위한 역지사지

요즘 '나는 나, 너는 너'라는 가치관으로 필요 이상의 친밀한 관계를 맺지 않으려 하는 사람이 많아졌습니다. 특히 비즈니스 관계로 만난 경우에 그런 경향이 두드러지게 나타납니다. 그러나 주위로부터 좋은 평가를 받고 싶다면 지나치게 거리를 두기보다 유대감을 쌓는 것이 중요합니다. 이때 공감 능력이 뛰어나면 타인에 대한 관심을 갖고 이해하며 상대의 감정을 중요하게 여깁니다. 그래서 유능한 팀원은 팀장의 처지를 살피고, 유능한 팀장은 팀원의 처지를 이해합니다. 서로의 입장에서 생각하며 상대의 감정을 헤아리는 능력이 뛰어난 것이죠.

이해의 시작은 관찰

상대를 이해하기 위해선 어떻게 해야 할까요? 처음부터 아무 단서도 없이 '저 사람은 어떻게 생각할까?'라고 고민해 봤자 얻을 수 있는 것은 없습니다. 일단 상대가 어떤 상황에 놓여 있는지, 어떤 입장인지에 대해 관찰합시다. 그런 다음 그 상황 속에서 처해 있을 수 있는 사정에 대해 곰곰이 생각해봅시다.

'우리 팀장님은 모든 팀원을 챙겨야 하면서도 위로부터 성과에 대한 부담을 많이 받고 있다.'
'이 대리님은 얼마 전에 승진해서 의욕이 넘치면서도 실수하지 않으려고 조심한다.'
'저 사람은 2개월 전에 이직해서 우리 회사에 들어왔다. 그래서 아직 업무나 회사 분위기에 적응하지 못한 부분이 있을 것이다.'

함께 일하는 사람들 모두가 각자 나름의 입장과 말로 표현하기 어려운 사정을 갖고 있습니다. 꼭 공적인 사정이 아니라도 개인적인 일로 인해 피치 못할 사정이 있을 수 있습니다. 상대의 여러 가지 입장을 고려하여 감정을 헤아려봅시다. 그러다 보면 '지윤 씨는 지금 이런 기분이겠지. 그러니 이런 걸 원할지도 몰라'라는 식으로 상대의 기분을 파악함으로써 업무 진행도 더욱 원활해질 것입니다.

배려의 목적

많은 사람들이 나의 일만으로도 버거운데 상대의 기분까지 생각할 여유가 없다고 투덜거립니다. 그러나 어차피 상대로부터 더 좋은 결과물을 얻어내야 한다면, 배려가 오히려 현명하게 요령이 될 수 있습니다.

상대의 입장을 고려하는 일이 생각보다 대단히 힘든 일은 아닙니다. 조금만 마음을 쓴다면 배려는 상대가 더 잘하려는 의지를 갖게 만드는 좋은 방법이 됩니다. 당신의 배려에 상대 또한 보답하려고 하기 때문입니다. 무조건 재촉하고, 다그치고, 쏘아붙이는 것만이 능사는 아닙니다. 융통성 없이 조금도 편의를 봐주지 않으려고 들면 오히려 적대적인 관계가 형성되므로 서로에게도 업무에도 결코 좋을 것이 없습니다.

예컨대 김 과장은 상사와 부하 사이에 애매하게 끼어 있는 처지입니다. 따라서 용건이 있어도 그가 다른 사람과 이야기하고 있을 때에는 되도록 피해서 말을 거는 것이 좋습니다. 시간이 걸리는 요청을 해야 할 때에도 직전에 급하게 말하지 않고 사전에 예고하는 등 그의 일정을 배려하는 것이 생각보다 중요합니다.

또 바짝 긴장한 후배에게는 정기적으로 안부를 물으며 그때그때 필요할 만한 조언을 해주면 좋습니다. 이직한 지 얼마 안 된 동료에게는 먼저 다가가 점심을 먹자고 하거나 곤란해할 때 도와주는 식으로 새로운 직장에 빨리 적응하도록 신경 써줍시다.

일 잘하는 사람의 배려력

ᜧᜧᜧᜧᜧᜧᜧᜧᜧ

어차피 상대로부터 더 좋은 결과물을 얻어내야 한다면, 배려가 오히려 요령이 될 수 있습니다. 상대의 입장을 고려하는 일이 생각보다 대단히 힘든 일은 아닙니다. 조금만 마음을 쓴다면 배려는 상대가 더 잘하려는 의지를 갖게 만드는 좋은 방법이 됩니다. 당신의 배려에 상대 또한 보답하려고 하기 때문입니다.

사람을 얻는
마법의 한마디

공감 안테나를 높이 세우고 있는 사람들이 자주 하는 몇 가지 말을 소개합니다. 지금까지 이런 말을 전혀 해본 적이 없는 사람도 있을 것입니다. 그렇다면 공감 안테나의 감도를 쉽게 올릴 수 있는 마법의 한마디를 하나씩 연습해봅시다. 이 말을 입 밖으로 내뱉는 순간, 주위 사람들이 당신을 눈여겨보기 시작할 것입니다.

마법의 한마디 1

제가 도와드릴 일이 있을까요?

누구이든 간에 주변 사람이 바빠 보일 때는 도움이 필요한지 한번쯤 말을 걸어봅시다. 아주 작은 도움이라도 좋고 실제로 아무런 도움이 되지 않더라도 괜찮습니다. 이 같이 물어보는 것만으로 당신에 대한 호감도가 급격히 상승할 것입니다.

마법의 한마디 2
우선 현주 씨의 의견 먼저 들어볼 수 있을까요?

주변에서 어려운 일이나 갈등이 일어났을 때 자연스럽게 이런 말이 튀어나온다면 당신의 공감 능력은 이미 상당히 뛰어난 것입니다. 반면 남을 챙긴 적이 별로 없다고 생각하는 사람이라면 처음에는 조금 어색하더라도 신중하게 대화를 나눠보기 바랍니다. 스스로 자신의 의견을 강요하는 성격이라고 생각하는 사람은 누군가 의견을 물어볼 때 이렇게 말해봅시다.

상대의 의견을 먼저 듣고 받아들이는 자세, 상대의 의견을 존중하는 자세는 모든 순간 매우 중요합니다. 결국은 자신의 생각대로 일을 진행하게 된다 해도, 일방적으로 자기

주장만 밀어붙였을 때와는 전혀 다른 인상을 줄 수 있기 때문입니다. 태도와 결정은 별개의 문제입니다. 어떤 태도로 협업을 진행하느냐에 따라 장기적으로 긍정적인 결과를 낳을지 부정적인 결과를 낳을지 달라집니다. 만일 다른 사람의 의견을 조금도 존중하거나 수용하려는 태도 없이 독단적으로 일을 하면 그들은 더 이상 협업이라고 생각하지 않을 것입니다. 그렇게 되면 동료들의 아이디어와 의지를 모아 더 훌륭한 결과로 발전시키기가 어려워집니다.

마법의 한마디 3

여기까지 잘해주셨네요. 고생 많으셨습니다.

다음에는 더 잘할 수 있도록 다 같이 힘냅시다.

아랫사람 혹은 후배가 한 일의 결과가 다소 만족스럽지 않더라도 열심히 한 과정을 인정해주는 것이 중요합니다. 질타와 지적으로 의욕을 잃게 만들어봤자 서로 감정만 상할 뿐입니다. 감정적인 비난보다는 이성적인 비판과 조언을 격려와 함께 해주는 것이 다음에 자신이 더 좋은 결과를 얻을 수 있는 방법입니다.

지금까지 한 노력에 대해서는 있는 그대로 인정합시다. 그리고 열심히 하는 걸 알고 있다는 것을 말로 표현하며 상대가 의욕과 열정을 잃지 않도록 격려해줍시다. 비즈니스 영역에서 성과주의에 쫓기다 보면 결과가 전부인 것처럼 생각하기 쉽습니다. 그러나 당신이 결과에 관계없이 과정에 대한 노력을 알아준다고 느끼면 상대는 당신에 대해 깊은 신뢰감을 갖게 될 것입니다.

일 잘하는 사람의 협업 태도

◇◇◇◇◇◇◇◇◇

주변 사람의 일에도 관심을 기울이고 상대의 의견을 존중하며 결과에 관계없이 보이지 않는 노력을 인정해줄 때, 발전적인 협력이 이루어질 수 있습니다.

완충 작용을 하는
비즈니스 표현

공감 능력이 뛰어난 사람은 붙임성이 좋을 뿐만 아니라 모든 사람에게 공손하고 성실한 태도로 대합니다. '주위 사람들에게 차갑다는 말을 듣는다.' '나는 공손하게 대했는데도 상대가 화를 낸 적이 있다.' 만약 여기에 해당된다면 갑자기 온화한 사람으로 변신하기 어려울 것입니다. 다행히 이런 사람들도 공손하고 말투가 부드럽다는 인상을 줄 수 있는 말이 있습니다. 괜한 오해를 불러일으키지 않도록 완충 장치를 하는 말을 활용해보시기 바랍니다.

비즈니스 현장에서 이미 상투적으로 쓰고 있는 말임에도 완충 표현이 익숙하지 않은 사람들이 의외로 많습니다. 그런데 별 것 아닌 것처럼 보이는 한두 마디를 덧붙임으로써 완전히 다른 인상을 줄 수 있습니다. 예를 들자면, "이번 주 금요일까지 답변을 받을 수 있을까요?"보다는 "바쁘신데 죄송하지만 이번 주 금요일까지 답변을 받을 수 있을까요?"라는 말이 더 공손하게 느껴집니다.

똑같은 성과를 낸다 해도 어떤 사람과 일할 때 기분이 더 좋을까요? 누구나 쉽게 알 수 있습니다. 게다가 경우에 따라서는 후자가 요청한 기한보다 더 빨리 답을 받을 수 있다는 생각도 들 것입니다. '바쁘신데 죄송하지만'이라는 말 한 마디로 상대가 자신을 충분히 배려해준다고 느낄 테니까요. 단, 지나치게 많이 쓰면 오히려 은근히 무례하게 들릴 수 있으니 조심하시기 바랍니다.

• 비즈니스에서 유용하게 쓰이는 완충 표현 9 •

실례가 되지 않는다면 연락처를 받을 수 있을까요?

수고로우시겠지만 답신을 빨리 받을 수 있을까요?

괜찮으시다면 연락처를 여쭤봐도 될까요?

번거로우시겠지만 이것 좀 기입해주시겠어요?

바쁘신 줄 알지만 부탁 하나 드려도 될까요?

죄송하지만 말씀 좀 전해주시겠어요?

일부러 오시게 해서 죄송하지만 저희 회사 사무실에서 기다리겠습니다.

급하실 텐데 죄송하지만 좀 더 기다려주시겠습니까?

죄송하지만 내부 사정상 협의 없이 진행하게 된 점 양해 부탁드립니다.

거절을 단호하게, 그러나 불쾌하지 않게

무언가를 부탁할 때 '번거로우시겠지만' '바쁘신데 죄송하지만'처럼 상대를 배려하는 완충 표현을 쓰자고 했습니다. 아마 여기까지는 어렵지 않을 것입니다. 다음으로 소개할 것은 여러 상황 중에서도 특히 부정적인 내용을 전달할 때 넣을 수 있는 완곡한 거절 의사 표현법입니다.

· 거절할 때 ·

아쉽지만 이미 타사에서 먼저 연락이 와서 이번 제안을 수락하기 어려울 것 같습니다.

공교롭게도

죄송하지만 _____

유감스럽지만 _____

모처럼 말씀해주셨는데 _____

말씀은 감사하지만 _____

힘이 되어 드리지 못해 죄송하지만 _____

기대에 부응하지 못해 죄송하지만 _____

• 반론을 제기할 때 •

말씀하신 뜻은 알겠지만 원칙대로 진행하는 것이 좋을
것 같습니다. _____

지당하신 말씀이지만 _____

하신 말씀에 동의하지만 _____

덕분에 많은 것을 배웠습니다. 하지만 _____

　이런 완충 표현은 상대의 의견에 동의할 수 없을 때나 상
대의 뜻을 따를 수 없을 때, 반론을 제기해야 할 때와 같이
난처한 상황에서 자주 쓰입니다. 공감 능력이 지나치게 발
달한 사람은 간혹 상대의 처지를 배려하느라 거절해야 하
는데도 그러지 못하거나 단호히 잘라 말하지 못하는 경우

가 있습니다. 그러다 보면 상대에게 휘둘리며 끌려다니게 됩니다.

일상생활에서도 예외는 아니지만 비즈니스에서 특히 불가능한 부탁, 어려운 부탁을 단호히 거절하는 것은 매우 중요합니다. 거절할 타이밍을 놓쳐서 불가능한 것을 떠안게 된다면 추후에 모든 책임은 자신이 져야 하기 때문입니다. 일이 잘못되거나 일정을 맞추지 못하는 등의 불상사를 미연에 방지하기 위해서는 스스로 컨트롤할 수 있어야 합니다. 만약 거절해야 할 일에 단호하게 행동하지 못하고 어쩔 줄 모르겠다면, 앞에서 소개한 완곡한 거절 의사 표현을 사용해보세요. 상대를 불쾌하게 만들지 않으면서 의사를 단호히 밝힐 줄 알아야 영리하고 현명한 사회인이라는 것을 기억합시다.

"이번에는 그냥 넘어갔으면 합니다"보다 "정말 유감입니다만 이번에는 그냥 넘어갔으면 합니다"가, "그 의견에는 찬성하기 어렵습니다"보다는 "정말 좋은 의견입니다. 저도 많이 배웠습니다. 하지만 한편으로 저는 이렇게 생각합니다"라는 말이 훨씬 공손하고, 부드럽게 느껴집니다. 이런 식으로 완충 표현을 잘 활용하면 자칫 갈등을 빚을 수 있는 일을 서로 감정 상하지 않고 순조롭게 해결할 수 있습니다.

특히 '좋은 의견입니다' '많이 배웠습니다'와 같은 말은 매우 유용한 표현입니다. 상대를 높이고 상대의 생각을 존중해주면서 자신의 의견을 전달할 수 있기 때문입니다. 게다가 이 말은 반론을 제기할 때뿐만 아니라 찬성과 경의를 표할 때 써도 매우 효과적입니다. 예를 들어 "좋은 의견입니다. 미처 거기까지는 생각하지 못했는데 말씀하신 방향으로 진행하면 훨씬 더 효율적이겠네요"라고 말하면 단순히 의견에 동의하는 것보다 상대에게 더 좋은 인상을 줄 수 있습니다.

부탁이나 거절을 할 때는 최대한 자세를 낮추어 완곡하게 말하는 것이 관계를 해치지 않는 방법입니다. 반대로 상대의 의견에 동의하거나 서로 의견이 일치하여 협력할 때는 최대한 상대를 높이는 표현을 통해 관계를 긍정적으로 지속시킬 수 있습니다.

일 잘하는 사람의 완충 표현

별 것 아닌 것처럼 보이는 한두 마디를 덧붙임으로써 완전히 다른 인상을 줄 수 있습니다. 상대를 불쾌하게 만들지 않으면서 의사를 단호히 밝힐 줄 알아야 영리하고 현명한 사회인입니다.

나를 알아봐주는
사람

누구나 위로받고 싶고 칭찬받고 싶습니다. 자신이 한 일과 그것에 들인 노력과 정성을 제대로 인정받고 싶어 합니다. 그러나 남의 일에 진지한 태도로 귀를 기울일 줄 아는 사람은 그리 많지 않습니다. 위로와 칭찬, 인정 등은 온전히 남을 위하는 일이며 어떠한 보답을 바라지 않는 행동에 속하기 때문입니다. 그렇지만 남의 말을 경청하고 칭찬에 인색하지 않은 사람 곁에는 많은 사람이 모여들기 마련입니다. 지금부터라도 아래와 같이 주변 사람들에게 위로와 칭찬의 말을 건네보세요. 돈으로는 절대 살 수 없는 최고의 보상을 얻게 될 것입니다.

예를 들어 동료나 후배가 당신이 부탁한 일을 끝냈다고 보고했을 때, 그저 "수고했어요"라고만 인사하기보다 이렇게 말하면 어떨까요?

"이 정도 되는 일을 며칠 안에 끝내기가 무척 어려웠을 텐데, 정말 고마워요. 큰 도움이 되었어요."
"수고해주신 덕분에 좋은 결과가 있을 것 같네요."
"부탁만 해서 정말 미안합니다. 언제나 유능한 민주 씨 덕분에 이 일을 잘 해결했습니다."
"역시 잘해주셨네요. 현우 씨라면 얼마든지 해내실 줄 알았습니다!"

'힘들었겠군요' '도움이 되었습니다' '수고해주셔서' '당신은 능력이 있어요' '덕분에' '잘해주셨네요' 등 자신을 인정해주는 말 한마디가 대단한 보상이 아닌데도 듣는 사람에게는 무척 힘이 됩니다. 상대의 정성을 생각하고 노고에 공감하며 말로 칭찬합시다. 이것만 잊지 않아도 공감 능력이 우수한 사람으로 보일 것입니다.

밤늦게까지 일하는 동료를 사무실에 혼자 남겨두고 먼

저 퇴근할 때를 예로 들어봅시다. 이럴 때는 그저 "수고하세요"라고 말하는 것이 아니라, 상대의 이름을 부른 다음 이런 칭찬의 말을 덧붙입시다.

"하영 씨, 늘 열심히 하는 모습이 보기 좋네요. 너무 무리하지 말고 일찍 들어가요."

그리고 매번은 아니더라도 가끔씩 이런 말과 함께 소소한 간식을 건넨다면 상대는 더욱 기쁠 것입니다. 자신이 열심히 하고 있는 일을 누군가 알아준다는 사실에 보람을 느끼기 때문입니다. 아무리 열심히 한들 아무도 알아주는 사람이 없다고 생각해보세요. 누구라도 기운이 빠지고 열정이 사그라들 것입니다. 반면 '나를 지켜보는 사람이 있구나'라는 생각이 들면 성과를 내서 인정받고자 하는 욕구가 샘솟을 것입니다.

일 잘하는 사람의 칭찬 습관

◇◇◇◇◇◇◇◇◇◇

칭찬에 인색하지 않은 사람 곁에는 많은 사람이 모여듭니다. "당신은 능력이 있어요" "잘해주셨네요" 자신을 인정해 주는 말 한마디가 대단한 보상이 아닌데도 듣는 사람에게는 무척 힘이 됩니다. 상대의 정성을 생각하고 노고에 공감하며 말로 칭찬합시다.

붕어빵 세 마리
효과

공감 능력이 발달한 사람, 배려심이 있는 사람은 보답을 바라지 않는 소통에 능숙합니다. 그래서 남의 이야기를 가족처럼 들어줄 수 있는 경청의 달인이기도 합니다. 단 앞에서 말했듯 표현하고 행동하는 데에는 다소 부족한 것이 아쉬운 점입니다. 특히 리더라면 공감과 배려를 품고만 있어서는 안 됩니다. 적극적으로 드러내고 행동해야 합니다.

행동력을 강화하는 가장 손쉬운 연습은 물질로 마음을 표현하는 것입니다. 우리가 선물을 주고받는 이유는 마음이 눈에 보이지 않기 때문입니다. 물질을 통해 구체적이고 직관적으로 전달하는 것이죠. 하지만 경우에 따라서는 말보다 선물이 더 효과적으로 마음을 전하기도 합니다.

진심을 담은 작은 선물

선물이라고 하면 값에 대해 고민하는 사람들이 많습니다. 마음을 표현하는 선물은 절대 비싼 것일 필요가 없습니다. 작은 선물이면 충분합니다. 예를 들어 휴가를 내고 어딘가 여행을 갔다 왔다면, 소소한 간식을 사오는 것입니다. 그 지역에서 유명한 음식을 나눠 먹으며 여행 이야기도 나눌 수 있어 친목을 다지기에 매우 좋습니다. 혹은 중요한 거래처를 방문할 때 케이크를 가져가 건넨다면, 미팅을 보다 화기애애한 분위기 속에서 진행할 수 있습니다. 여직원이 많은 사무실일 경우 단 음식이나 쿠키, 마카롱과 같은 베이커리 음식을 가져가면 좋아할 가능성이 높습니다.

선물에 마음을 담을 때는 비싸면 오히려 역효과가 날 수 있으니 주의해야 합니다. 상대가 부담을 느끼거나 너무 형식적인 티가 나면 아무것도 준비하지 않았을 때보다 더 딱딱한 분위기가 조성될 수도 있습니다.

실제로 이 조언을 들은 한 영업자는 추운 겨울 외근을 나

갔다 들어오는 길에 회사 앞에서 파는 붕어빵을 넉넉히 사 갔다고 합니다. 동료들의 반응은 어땠을까요? 예상대로 매우 좋았습니다. "와! 맛있겠다!" "마침 출출하던 참인데 잘 먹을게요!"라며 모두들 깜짝 간식 시간을 반겼다고 합니다.

이렇게 무언가 선물을 준비했을 때는 반드시 "수고 많으시죠?" "항상 감사하고 있습니다"라는 짧은 인사말을 덧붙이는 것을 잊지 마시기 바랍니다. 이 말 한마디와 소소한 선물로 사무실 분위기가 확 밝아질 것입니다. 무엇보다 일하기가 훨씬 편해졌을 것입니다. 세 개에 천 원짜리 붕어빵으로 그가 얻은 것은 동료들과의 관계입니다.

별 것 아닌 것 같아 보여도 받는 사람 입장에서는 자신들을 생각해줬다는 것이 참 기분 좋은 일입니다. 작은 선물로 누리는 기쁨은 받는 사람뿐 아니라 주는 사람에게도 돌아옵니다. 단 돈 몇 천 원은 신입사원이라도 부담 없이 쓸 수 있는 금액입니다. 게다가 이러한 작은 이벤트는 한 번으로도 오랫동안 좋은 인상을 남깁니다. 투자 대비 이만한 소득이 또 있을까요? 그 적은 돈으로 얼마나 많은 것이 달라지는지 한번 체험한 사람은 그 후에도 계속할 것입니다.

저도 회사를 차린 지 얼마 되지 않은 어느 추운 겨울날,

직원들에게 붕어빵을 사다 준 적이 있습니다. 당시 붕어빵은 하나에 300원이었습니다. 직원이 다섯 명이었으니 총 1,500원이 들었죠. 다들 너무 좋아하더군요.

중요한 것은 효용이나 가격이 아닙니다. 하나에 300원짜리 붕어빵도 남을 위해 사본 적이 없는 사람은 남을 위해 어떠한 것도 하지 않는 인생을 살 것입니다. 한편 붕어빵 하나로 사무실 분위기와 주변의 평가가 달라지는 것을 깨닫고, 남에게 기쁨을 주는 것이 얼마나 기분 좋은지 깨달은 사람은 앞으로도 더불어 살아가는 삶을 살 것입니다. 정말로 이런 아주 작은 경험이 인생을 바꿉니다.

노력과 시간을 들이지 않고 마음을 움직일 수 없다

인간의 심리에는 '호의의 상호성'이라는 특징이 있습니다. 호의에는 호의로 보답한다 또는 받은 은혜는 돌려준다는 심리입니다. 그래서 내가 먼저 호의를 베풀면, 상대도 '도울 일이 생기면 보답해야겠다' '기회가 있으면 나도 호의를 보여야지'라는 마음을 품게 됩니다. 호의를 먼저 표현하는 가장 쉬운 방법이 선물인데, 그중에서도 초보자가 가장 쉽게 선물할 수 있는 것이 앞서 말한 바와 같이 소소한 간식입니다.

절대 비쌀 필요가 없습니다. 5만 원짜리를 한 번 주는 것보다 5천 원짜리를 열 번 주는 것이 효과적입니다. 지금 얼마를 벌든 소득에서 5퍼센트는 주변 사람에게 쓰기로 계획해보세요. 그러면 반드시 그 이상의 소득이 돌아올 것입니다. 이 투자는 비단 비즈니스에서만 해당되는 것이 아닙니다. 모든 관계에서 중요합니다.

상대가 선물을 좋아하는 것은 단순히 당신이 자신을 위해 돈을 썼기 때문이 아닙니다. 당신이 노력과 시간을 들여 관심과 성의를 표현했기 때문입니다. 즉 마음이 담긴 선물이었기 때문입니다. 이처럼 물건은 때때로 귀중한 소통 수단이 됩니다. 사소한 선물이 대화의 계기를 만들어주기도 하니 반드시 활용해보시기 바랍니다.

일 잘하는 사람의 소통 수단

<><><><><><><>

우리가 선물을 주고받는 이유는 마음이 눈에 보이지 않기 때문입니다. 호의를 먼저 표현하는 가장 쉬운 방법이 바로 선물입니다. 그중에서도 초보자가 부담 없이 선물할 수 있는 것은 간단한 간식입니다.

타인의 눈으로
거울을 보라

첫인상을 가장 크게 좌우하는 것은 시각 정보, 즉 외모입니다. 사람은 처음 만난 후 2초 안에 상대가 어떤 사람인지 판단한다는 말도 있습니다. 얼굴이 예쁘고 잘생기고를 따지는 것이 아니라 옷차림에 대한 이야기입니다. 사회인으로서 지켜야 할 기본적인 예절 중 하나가 바로 단정하고 깔끔한 차림새입니다. 태도에 신경 쓰는 사람은 시간, 장소, 상황을 고려하여 언제나 적절하고 깔끔한 모습을 유지하는 데에도 신경 씁니다.

외모 상태는 곧 정신 상태

일이 바빠지면 여유가 없어서인지 차림새가 갑자기 지저분해지는 사람이 있습니다. 그것은 "나는 지금 정신이 없습니다!"라고 큰 소리로 외치며 돌아다니는 것과 같습니다. 즉 자신의 상황 혹은 정신 상태를 온몸으로 나타내는 것이죠. 주위 사람들은 그 모습을 보고 불안정한 사람, 걱정되는 사람, 기복이 심한 사람이라고 생각할 것입니다.

의외로 겉모습을 챙기는 것에 섬세하지 못한 사람이 꽤 많습니다. 주위에 불쾌감을 주거나 걱정을 끼치지 않도록 자기 관리를 하는 것도 사회인이 갖춰야 할 중요한 태도입니다.

현관을 나서기 전에는 누구를 만나도 부끄럽지 않은 모습인지, 거울을 보고 머리끝부터 발끝까지 매무새를 점검합시다. 옷 스타일까지 신경을 쓰면 완벽할 것입니다. 마찬가지로 패션쇼를 하듯 옷을 잘 입으라는 말이 아닙니다. 이를테면 어두운 색의 옷을 자주 입는 사람이라면 다가가기 어려운 인상을 주기 쉽습니다. 그러니 넥타이만이라도 밝은 색으로 바꾸어보면 어떨까요? 분위기가 밝아질 뿐만 아니라 자신도 모르게 그 차림새에 어울리는 행동을 취하게 될 것입니다. 외모는 사람에게 그만큼 큰 영향을 미칩니다.

차림새에 신경을 쓰는 건 너무나 기본적인 일이기 때문에 지적하기가 난감합니다. 아무리 상태가 심각해도 상대를 면전에 두고 "당신, 지저분해요" "냄새 나요" "정말 촌스러워요"라고 말하기는 매우 어렵습니다.

어쩌면 이렇게 주위 사람들이 가르쳐줄 수 없다는 점이 지저분한 외모가 가장 치명적인 이유이기도 합니다. 자신에 대해 타인이 어떻게 생각하고, 자신이 어떤 이미지인지 스스로 알아차릴 수 없기 때문입니다.

불행하게도 많은 사람들이 결국 눈에 보이는 것으로 인품을 판단합니다. 그러므로 외모는 반드시 자기 스스로 세심하게 살펴야 하는 부분입니다.

책상은 당신의 얼굴이다

이것은 단순히 겉모습에만 해당되는 이야기가 아닙니다. 사무실에 있는 당신의 책상은 지금 어떤 상태입니까? 깔끔하게 정리되어 누가 보아도 지저분하지 않은 상태입니까? 서류가 산더미처럼 쌓여 있거나 메모지와 파일, 문구류 등이 어지럽게 흩어져 있지 않습니까? 쓰레기통에 쓰레기가 넘치고 있지는 않습니까?

'업무는 아무 문제없이 잘하고 있어. 성과도 좋고. 일 때문에 너무 바빠서 주변 정리까지 할 여유가 없는 것뿐이야'라고 생각하는 사람이 있을 것입니다. 성과는 성과고 정리정돈은 정리정돈입니다. 당신의 책상은 혼자만의 것이 아니라 사무실을 함께 이용하는 전원의 공유물입니다. 자기 방의 책상 같이 취급해서는 안 됩니다. 마찬가지로 사무실을 자신의 방인 것처럼 자유롭게 사용해서도 안 됩니다.

심한 경우, 서류가 너무 쌓여서 옆 사람의 책상까지 침범하기도 합니다. 이것은 명백한 영역 침해입니다. 그러면 설사 일을 잘하는 사람이라도 '자기 혼자 일하는 사람'이라는 인상을 주게 됩니다. 하지만 침범 당한 사람도 다 큰 성인인 동료에게 "책상 정리 좀 하세요" "폐를 끼치면 안 되죠"라고 말하기는 어려울 것입니다.

옷차림에 신경을 쓰고 불쾌한 냄새가 나지 않도록 청결을 유지하며 책상을 언제나 깔끔하게 정리하는 등 보여지는 것에 주의를 기울이는 태도는 타인을 기분 좋게 만들기 위한 것이 아닙니다. 함께 일하는 공동체의 일원으로서 지켜야 할 최소한의 예의입니다.

일 잘하는 사람의 자기관리

불행하게도 많은 사람들이 눈에 보이는 것으로 인품을 판단합니다. 그래서 외모는 항상 세심하게 살펴야 하는 부분입니다. 옷차림에 신경을 쓰고 몸에서 불쾌한 냄새가 나지 않도록 청결을 유지하며 자신의 책상을 언제나 깔끔하게 정리합시다.

능력이 되는
태도 3
논리력

감정이
이성을
지배하지
않도록

치우치지 않는
무게 중심

다른 사람들이 분위기에 휩쓸리거나 패닉에 빠졌을 때에도 항상 냉정하게 사태를 파악하고 객관적인 의견을 내놓는 동료가 있다면 어떨까요? 한 명이라도 이성의 끈을 잡고 있다면 판단의 오류를 범할 위험을 낮출 수 있습니다. 조직에서 이렇게 든든한 존재가 바로 논리적인 태도로 일하는 사람입니다.

논리 안테나를 높게 세우고 있는 사람은 자신의 의견을 일목요연하고 조리 있게 말하는 데 능숙합니다. 또한 순간적인 감정에 휘둘리지 않는 통제력이 뛰어납니다. 그래서 객관적인 사실에 중심을 두고 계획적으로 행동합니다. 이러한 사람은 열정적인 리더가 오른팔로 삼고 싶은 사람에 해당합니다. 일을 진행함에 있어서 결점을 발견하여 개선하는 데 결정적인 역할을 하기 때문입니다. 한편 속도를 내지 못하고 미적거리고 있는 일에 대해서는 확실하게 밀어붙이는 결단력을 발휘하기도 합니다.

조직에는 교통정리를 하는 사람이 반드시 필요합니다. 비즈니스에서는 합리적인 의사결정이 무엇보다 중요하므로, 평정심을 유지하고 균형 감각을 발휘하는 사람은 반드시 인정받습니다.

주변 사람들이 다 떠들썩하게 웃고 떠들 때 혼자 차분한 태도를 유지하는 사람을 두고 인간미가 없고 차갑다고 오해할 수도 있습니다. 정말로 웃음기 하나 없이 로봇처럼 일하라는 것이 아니라, 분위기나 기분에 지나치게 휩쓸리지 말라는 것입니다. 비유하자면, 어린 아이들 속에 섞여 있는 차분하고 침착한 어른이 될 수 있어야 합니다. 이런 사람은 어떤 경우에도 감정에 치우치지 않고 공정하게 판단해 행동합니다.

조직 안에는 고루한 사람, 제멋대로인 사람, 자기주장이 강한 사람, 이기적인 사람, 남의 이야기를 듣지 않는 사람,

미덥지 않은 사람, 자신의 의견을 말하지 않는 사람 등 매우 다양한 사람이 있습니다. 조직은 한마디로 괴짜 집합소인 셈이죠. 그런 가운데 우수한 논리력을 가진 사람이 한 명만 있으면 산만했던 분위기가 금세 정돈될 것입니다.

내 말에
귀 기울이게
하고 싶다면

진정한 논리력은 이성적인 사고뿐 아니라 조감하는 시각이 있을 때 비로소 생겨납니다. 상대의 시선으로 상황을 보고 체계적으로 알기 쉽게 설명하는 습관을 들이면 논리력을 키울 수 있습니다. 결론도 없이 이것저것 산만하게 이야기하는 사람의 말은 들을수록 피곤해집니다. 정작 무슨 말을 하려는지 알 수 없기 때문입니다. 특히 신입이나 젊은 직원들은 너무 조심하느라 두서없이 말하는 경향이 있어서 오히려 듣는 사람이 피곤할 때도 있습니다.

계획성 있게 말하기란 사실 전혀 어려운 일이 아닙니다. 가장 먼저 이야기의 목적을 생각하십시오. 즉 듣는 사람에게 어떤 이익을 주기 위함인지를 생각해야 한다는 것입니다. 그러려면 우선 듣는 사람이 무엇에 흥미가 있는지 알아야 합니다. 그런 다음 상대의 흥미와 이익을 이야기에 어떻게 담으면 좋을지 궁리해봅시다. 이렇게 계획을 세우는 순간 그 이야기의 가치는 높아집니다.

예를 들어 여행사 직원이 '최고의 겨울 여행지는 오키나와'라고 제안하는 상황을 생각해봅시다. 먼저 효과적인 이야기 계획을 짜야겠죠. 쉽게 말하자면 이야기를 한 권의 책으로 엮는다고 생각하고 목차를 만드는 것과 같습니다. 머릿속에서 책의 제목과 목차를 미리 만들어놓고 순서대로 내용을 나열하는 것입니다.

본격적으로 이야기를 시작하기 전에 제목부터 붙입시다. 이 예에서는 오키나와를 겨울 여행지로 추천하려는 것이므로, 제목을 '겨울 여행은 오키나와로!'라고 붙여보겠습니다. 그리고 목차를 구성합니다. 목차에는 청자에게 도움이 되는 내용이 담겨야겠죠. 목차 없이 무턱대고 이야기하려면 반드시 꼬입니다. 어떤 이야기를 할 것인지 전혀 설명하지 않고 다짜고짜 시작하면 듣는 사람은 요지를 파악하느라 벌써부터 피곤해집니다. 이야기를 시작하기 앞서 내용을 압축적으로 예고함으로써 상대에게 '듣고 싶다!'는 호기심과 흥미를 불러일으켜야 합니다. 이때 듣는 사람에게 꼭 필요한 내용만 전달할 수 있도록 항목을 적절히 구성하는 것이 중요합니다. 다시 겨울철 오키나와 여행을 예로 들어봅시다.

- 지금 도쿄는 너무 춥습니다. 그러니 오키나와에서 추위를 잠시 피하며 따뜻한 겨울을 보내는 것이 어떨까요?
- 오키나와는 한겨울에도 가볍게 티셔츠만 걸쳐도 될 만큼 무척 따뜻한 곳입니다.
- 바다에 발을 담그고 답답한 마음을 시원하게 씻어 보낼 수 있습니다.
- 창을 활짝 열고 맛있는 요리를 즐길 수 있습니다.

하고 싶은 이야기가 아니라 듣고 싶은 이야기를 하라

'겨울 여행은 오키나와로!'라는 제목 뒤에 구체적인 이익을 열거한 목차를 전달합니다. 이렇게 상대에 대해 분석

한 것을 토대로 계획적으로 이야기를 전개하면 듣는 사람
은 '잠시 동안이라도 따뜻하게 겨울을 보낼 수 있다니!'라며
관심을 보일 것입니다. 그 순간, 이 이야기는 더 이상 '내가
하고 싶은 이야기'가 아니라 '상대가 듣고 싶은 이야기'로
변합니다. 그러면 그 이야기는 이미 성공적으로 전달된 것
이나 마찬가지입니다.

논리력 발휘는 상대를 능동적으로 만드는 것에서부터 시
작됩니다. 자신에게 어떤 이득이 있을지 알고 나서 이야기
를 듣게 되면 누구나 귀를 기울일 수밖에 없습니다. '그건
어떨까?' '뭐였더라?'라고 생각하면서 듣는 사람은 구체적
인 목적 없이 막연하게 듣는 사람보다 이야기를 훨씬 적극
적으로 받아들이기 때문입니다.

지금까지 분석하고 계획한 것들을 이제 실제 이야기하는
상황에 대입해봅시다.

"오늘은 '겨울 여행은 오키나와로!'라는 주제로 이야기
하겠습니다."

먼저 이렇게 제목을 제시하며 이야기의 시작을 알립니다.

그런 다음, 아래와 같이 어떤 내용이 있는지 간략하게 짚어
준 다음 첫 번째 내용부터 차근차근 소개해나가면 됩니다.
주제가 전환될 때에는 번호를 매겨서 명확하게 구분하는
것이 좋습니다.

> "소개해드릴 내용은 따뜻한 오키나와에서 즐길 수 있
> 는 세 가지에 관한 이야기입니다.
> 먼저 두꺼운 점퍼를 벗고 가벼운 옷차림으로 밖을 돌아
> 다닐 만큼 따뜻한 날씨를 즐길 수 있습니다. 그리고 발
> 을 담그고 답답한 마음을 씻어낼 수 있는 바다도 볼 수
> 있습니다. 마지막으로는 창문을 활짝 열고 야외 분위기
> 를 즐길 수 있는 오키나와의 특별한 요리에 대해 소개
> 해드리겠습니다. 그러면 첫 번째로 오키나와의 날씨부
> 터 자세히 알아보겠습니다."

단, 이때는 모든 항목의 중요도와 분량이 비슷해야 합니
다. 즉 세 가지 내용을 소개한다면 모두 일정하게 분배해야
합니다. '다음은 세 번째인데 이것이 가장 중요합니다'라는
식으로 이야기를 산만하게 전개하거나, 세 가지 중 하나에

만 너무 긴 시간을 할애하는 것은 좋지 않습니다. 모든 내용을 균형 있게 이야기할 수 있는 사람이 진정한 논리력을 갖춘 사람입니다.

일 잘하는 사람의 논리적 화법

어떤 이야기든 쉽고 재미있게 하는 사람은 한 권의 책을 엮는 것처럼 말합니다. 이야기를 시작하기 앞서, 내용을 압축적으로 예고함으로써 호기심과 흥미를 불러일으켜야 합니다.

갑작스러운
프레젠테이션에
당황하지 않는 법

"무엇을 물어도 척척 답하시네요."

"어쩌면 그렇게 막힘없이 설명하실 수 있죠?"

저는 이런 질문을 자주 받습니다. 제가 단순히 말이 많기 때문일까요? 아니면 무슨 질문이 들어올지 미리 예측하고 대비하기 때문일까요? 그렇지 않습니다. 제가 순발력 있게 답변할 수 있는 것은 생각을 표현할 때마다 일정한 틀을 사용하기 때문입니다.

이때 반드시 필요한 것이 바로 계획적인 화법입니다. 제 머릿속에는 언제나 이야기에 제목을 붙이고 목차를 먼저 소개하는 '틀'이 있습니다. 이 틀에 맞춰 이야기하면 언제든지 논리를 막힘없이 펼칠 수 있습니다. 물론 무엇을 말할지 구체적인 내용은 주제와 목적에 따라 달라집니다. 그렇지만 이미 관련 정보가 머릿속에 많이 들어 있다면, 이 틀에 맞는 정보들만 골라내어 정리하면 됩니다. 이 틀을 갖고 있으면 누구나 갑작스럽게 무언가 설명해야 할 때 미리 준비한 것처럼 자연스럽게 말을 시작할 수 있습니다.

정보량을 늘리기 위해서는 일정 기간 동안 지속적인 경험과 학습을 쌓아야 합니다. 그러나 논리적 이야기의 틀을 만드는 것은 누구나 지금 당장이라도 할 수 있는 일입니다. 누군가로부터 "흥미롭게 들었습니다만, 그래서 결론이 뭔가요?"라는 말을 들은 적이 있습니까? 잡담이라면 재미있는 이야기로 끝나도 괜찮습니다. 하지만 비즈니스에서는 재미만 있고 내용이 없으면 곤란합니다.

회의나 프레젠테이션에서 자신의 의견을 발표하려면, 미리 생각을 정리하고 이야기 순서를 정하는 과정을 거쳐야 합니다. 평소에 다음과 같은 틀과 상용 문구를 기억해두면 청중 앞에서 당황하지 않고 매끄럽게 말하는 데 도움이 됩니다.

▶ '오늘 할 이야기는 세 가지입니다' 또는 '포인트는 세 가지입니다'

처음에는 상대가 관심을 가질 만한 이야기로 시작해 흥미를 유발합니다. 그러면 청자는 그것에 초점을 맞추어 들을 자세를 취합니다. 핵심은 되도록 세 가지, 많아도 네 가지로 압축하는 것이 좋습니다. 더 많아지면 청자가 부담을 느낍니다. 또, 하나의 내용을 전달함에 있어, 10초 이내로 제한 시간을 두고 말하는 것이 좋습니다. 말이 장황해지면 정작 중요한 말을 놓칠 수 있기 때문입니다.

▶ '지금까지 한 이야기를 요약하면' 또는 '핵심을 정리하면'

청자가 이해하기 쉽도록 중간중간 내용을 정리하고 요약하면서 이야기합시다. 그래야 청자가 내용을 재차 확인하며 기억할 수 있습니다.

▶ '결론부터 말씀드리자면'

결론을 먼저 제시하고 근거를 나중에 설명하는 두괄식으로 이야기를 이끌어나갑시다. 결론부터 말하는 것은 논리적 말하기의 기본인데도 실천하지 못하는 사람이 의외로 많습니다. 결론을 먼저 말한 다음 그 결론을 도출한 근거를 제시하고 보충하는 방법을 쓴다면, 초보자라도 말하기가 훨씬 편해집니다. 그래야 청자도 그 이야기를 좀 더 듣고 싶을 것입니다.

▶구체적인 숫자와 데이터를 제시한다

근거를 제시할 때는 숫자와 데이터를 추가해도 좋습니다. 우리나라 사람들은 말을 할 때 데이터를 별로 언급하지 않는 경향이 있습니다만, 구체적인 숫자나 데이터를 제시하는 것만으로도 설득력이 매우 강해집니다. 예를 들면, 몇 년 전 인기를 끌었던 한 코미디언이 '35억'이라는 숫자를 개그 소재로 썼습니다. 그것 역시 숫자의 효과를 노린 장치입니다. 단순히 사람이 많다고 말하는 것보다 35억 명이라고 말하는 편이 더 강한 인상을 주기 때문입니다.

일 잘하는 사람의 이야기 틀

제 머릿속에는 언제나 이야기에 제목을 붙이고 목차를 먼저 소개하는 '틀'이 있습니다. 이 틀에 맞춰 이야기하면 언제든지 논리를 막힘없이 펼칠 수 있습니다. 정보량을 늘리기 위해서는 일정 기간 동안 지속적인 경험과 학습을 쌓아야 합니다. 그러나 논리적 이야기의 틀을 만드는 것은 누구나 지금 당장이라도 할 수 있는 일입니다.

때론 분위기를
깨는 사람이 돼라

　논리적으로 반응하고 행동하는 사람은 조직의 진정제 같은 존재입니다. 회의에서 의견이 분분하여 모두가 흥분할 때에도 차분하게 자신의 의견을 말하기 때문입니다. 물론 회식 같이 편하게 즐기는 곳에서는 필요 없을지도 모릅니다. 그러나 비즈니스 현장에서는 사실 관계나 데이터를 기반으로 객관적인 의견을 말하는 사람이 반드시 필요합니다.

　기획 회의를 해본 사람이라면 이런 경험을 한번쯤 했을 겁니다. 한 사람이 아이디어를 낸 후 모두가 "그거 좋은데!" "좋은 기획이야!"라고 하며 들떠 있을 때, 누군가 혼자서 고개를 갸웃거리며 "글쎄, 그런가?"라고 의문을 제기한

적 말입니다. 나쁘게 말하면, 그는 모두가 흥이 올랐을 때 분위기를 깨는 사람입니다. 그러나 조직에 꼭 필요한 인재일 수도 있습니다. 흥분한 사람들에게 냉정하게 한 번 더 생각해보자고 말해줄 수 있기 때문입니다.

술자리의 흥을 깨뜨린다면 분위기 파악을 못하는 사람이 되지만, 업무 현장에서는 모두가 흥분했을 때 진정시킬 사람이 꼭 필요합니다. 사사건건 찬물을 끼얹으라는 것이 아닙니다. 분위기가 지나치게 과열되면 경솔하게 결정할 수 있으므로, 신중하게 판단할 수 있도록 제어하라는 말입니다. 혹은 의견 충돌로 갈등이 빚어지기 전에 감정을 가라앉히도록 만들라는 것입니다. 감정적으로 대응하면 합리적인 결정을 내리기 어렵습니다. 이런 상황에서 논리 안테나를 높이 세우고 있는 사람들이 이성적으로 판단하여 정리해주면, 쓸데없는 갈등을 피하고 분위기에 휩쓸리는 불상사를 방지할 수 있습니다.

그것은 공격이 아니라 의견입니다

냉정함은 강력한 무기가 될 수 있습니다. 보통 자존심이 강한 사람은 누군가 자신의 의견을 부정하거나 비난했을 때 공격적으로 변하기 쉽습니다. 그러나 논리력이 뛰어나면 자신에 대해 부정적인 말을 들어도 감정에 치우치지 않고 이성적으로 대처할 수 있습니다.

"지윤 씨와 나는 서로 생각이 달라서 일이 순조롭게 진행되진 않겠네요…" 동료가 이렇게 말한다면 당신은 어떻게 대처하겠습니까? 대부분 자신이 공격당했다고 느껴 똑같은 말을 돌려주거나 더 심한 말로 반격하려고 합니다. 또는 내성적인 사람이라면 반격할 용기도 없어 의기소침해지고 말죠. 이들과 달리 논리적으로 대응하는 사람은 차분하게 대처합니다.

"민수 씨와 저는 생각이 다르지만 앞으로 그 차이를 좁혀나가려고 노력할 겁니다."

"민수 씨와 저는 차이점도 있지만 이런 공통점도 있잖아요? 그러니 일단 이 일부터 시작해서 차근차근 하다 보면 잘 되지 않을까요?"

"저는 이렇게 생각하는데, 민수 씨는 어떤 점에서 다르게 생각하시나요?"

굳이 분노하거나 반발할 이유가 없습니다. 상대의 의견을 공격이라 여기지 말고 있는 그대로 받아들입니다. 그런 다음 자신의 의견을 내세우되 강요하지 않는 존중의 자세를 취합니다. 이것은 사실 모든 사회인이 반드시 갖춰야 할 자질입니다. 세상에 자신의 의견만이 무조건 정답인 사람은 없으니까요.

이런 자세가 몸에 배면 통제력을 잃고 감정에 치우치는 일이 없어집니다. 자기 자신만 확고하게 중심을 잘 잡으면 타인에게 어떤 말을 들어도 신경 쓰지 않을 수 있기 때문입니다. 조직이나 사업에서는 공격에 강한 사람이 분명 필요하지만 공격만 하면 위태로워집니다. 적에게 점수를 빼앗기지 않기 위해서는 우수한 수비수가 함께 있어야 강한 조직이 될 수 있습니다. 공격만 하는 사람은 외부 공격에 약해서 마무리가 부족한 경향이 있습니다. 그런 점을 예리하게 지적하고 차분하게 정리하는 인재가 바로 논리 안테나를 잘 쓰는 사람입니다.

일 잘하는 사람의 감정 통제

누군가 자신의 의견을 부정하거나 비난했을 때 공격적으로 변하기 쉽습니다. 굳이 분노하거나 반발할 이유가 없습니다. 상대의 의견을 공격이라 여기지 말고 있는 그대로 받아들입시다. 그런 다음 자신의 의견을 내세우되 강요하지 않는 존중의 자세를 취합시다. 이것은 사실 모든 사회인이 갖춰야 할 자질입니다. 세상에 자신의 의견만이 무조건 정답인 사람은 없으니까요.

지적하지 말고
해결하라

강력한 리더십을 발휘하는 상사나 선배 중에는 강압적으로 지시를 내리는 사람이 종종 있습니다. 문제를 지적할 때도 무조건 윽박지르고 인신공격을 하기도 합니다. "이 대리는 항상 이런 식이야. 몇 번을 말해도 모르잖아. 그러면 잘될 일도 안 된다고!" 아무리 아랫사람이라도 강압적이고 감정적으로 대하다 보면 관계가 불편해지거나 갈등이 빚어지기 쉽습니다. 게다가 한 번 그런 취급을 당하면 이후로는 반감을 갖게 되어 그 사람의 말에 진심으로 귀를 기울이지 않습니다.

한편 논리적인 사람은 결코 '내 말대로 해!'라는 식의 강압적인 태도를 취하지 않습니다. 다른 사람의 잘못을 지적해야 할 때에도 상대를 비난하거나 질책하는 말투를 쓰지 않습니다.

지적을 조언으로 만드는 말

감정을 통제할 줄 아는 사람은 상대방의 잘못을 지적할 때에도 사실에 기초하여 건설적인 조언을 합니다. 건설적인 조언이란 아무런 의미 없는 비난이나 질책이 아니라 발전적인 피드백입니다. 구체적으로 말해 다음과 같습니다.

① 사실 내용과 경위 확인

문제가 되는 것을 정확히 확인하고 그 사실을 있는 그대로 공유합니다. 그리고 '어디서' '어떻게' 발생하게 되었는지 실수의 경위와 배경을 냉정히 짚어봅니다.

"이런 문제가 있었는데, 어쩌다 이렇게 된 건지 말해줄래요?"

② 원인 분석

앞서 확인한 경위에 기초하여 그 문제가 '왜' 일어났는지를 침착하게 분석합니다.

"자책한다고 이미 일어난 일을 되돌릴 수는 없어요. 원인이 무엇인지 함께 생각해봅시다. 내가 생각하기에는 지금까지의 경위로 볼 때, 일단 첫 번째는 거래처 쪽에서 답변을 늦게 줘서 문제가 발생한 것 같아요."

③ 해결책 제시

분석한 원인에 기초하여 그 문제를 해결할 방법과 앞으로 같은 문제를 방지할 대비책을 함께 강구합니다.

"앞으로 같은 문제가 생기지 않도록 하려면 어떻게 해야 할지 생각해봅시다. 만약 상대방이 답변을 늦게 줘서 자꾸 일정을 놓치게 된다면 이렇게 하는 것은 어떨까요?"

이런 방식으로 문제를 해결한다면 이 이야기는 불쾌한 지적이 아닌 유익한 조언이 될 것입니다.

문제 해결에 집중하기

'잘못을 저지른 사람을 앞에 두고 이처럼 차분하고 체계적으로 대응하다니, 현실적으로 불가능하다'라고 생각하는 사람도 있을지 모르겠습니다. 그러나 업무 현장에서는 쓸데없이 동정하거나 위로하기보다 상황을 냉정하게 판단하는 것이 우선입니다. 당사자의 입장에서도 해결책이나 개선안을 함께 고민하여 유익한 조언을 해주는 사람이 훨씬 고마운 법입니다. 단, 일방적으로 자신의 의견을 강요하지 않고, 상대의 의견을 받아들이면서 이야기를 풀어나가야겠지요.

화를 내거나 위로를 한다고 문제가 해결되지 않습니다. 지루한 설교를 늘어놓거나 감정적으로 질타하지 않고, 정확한 조언을 해주는 것이 중요합니다. 함께 대책을 강구하여 "이렇게 하는 게 좋지 않을까?"라고 제안한 다음 차근차근 착실히 일을 해결하는 사람이 유능한 사람입니다.

논리적인 사람은 쓸데없는 감정싸움에 시간을 낭비하기보다 일을 효율적으로 추진하고 싶다는 생각이 강합니다.

그래서 남의 실수에도 이처럼 냉정하게 대처합니다. 이를 좋은 의미에서 생각하면, '너는 너, 나는 나'라는 식으로 자타를 명확히 구분할 줄 아는 것이죠. 그렇기 때문에 객관적인 입장에서 무엇이 우선순위인지 판단할 수 있고 합리적으로 행동할 수 있습니다. 이런 자세가 결국에는 동료나 후배와의 관계도 탄탄하고 진실하게 만들어줍니다.

일 잘하는 사람의 피드백

논리적인 사람은 쓸데없는 감정싸움에 시간을 낭비하기보다 일을 효율적으로 추진하고 싶다는 생각이 강합니다. 그래서 남의 실수에도 이처럼 냉정하게 대처합니다. 화를 내거나 위로한다고 문제가 해결되지 않습니다. 지루한 설교를 늘어놓거나 감정적으로 질타하지 않고, 정확한 조언을 하는 것이 좋습니다.

갈등을 매끄럽게
중재하는 방법

　직장에는 다양한 사람이 모여 있으므로 의견 차이, 업무 방식 차이, 사고방식 차이로 인해 갈등이 일어나는 것이 지극히 당연합니다. 그래서 상위 직급이나 리더에게는 그런 문제를 잘 중재하는 것도 중요한 역할입니다.

　의견 충돌이 일어났을 때, 한쪽을 너무 엄격히 질타하거나 두둔하면 다른 한쪽에 불쾌한 인상을 남기게 됩니다. 갈등을 중재하기 위해서는 양쪽의 입장을 모두 고려해야 합니다. 그러나 또 양쪽 모두 신경을 쓰느라 객관적으로 해야 할 말을 제대로 못하고 적당히 타협하려 들면 문제는 해결되지 않을 것입니다. 그래서 상반된 양쪽의 입장을 중간에서 중재해야 하는 상황은 일을 하는 과정에서 가장 민감하면서도 난처한 상황이라고 할 수 있습니다. 이럴 때는 어떻게 하는 것이 좋을까요? 논리적으로 냉정하게 대처하는 사람은 어떻게 행동할까요?

차분하지만 명확한 태도로 믿음을 줄 것

당신이 사무실에서 일을 하고 있는데 경리과 직원이 와서 이렇게 말했다고 합시다. "과장님, 이 팀의 호준 씨가 경비 처리를 계속 미루고 있어서 제가 곤란해요. 사내 규정에는 정산을 금요일까지 마쳐야 한다고 되어 있는데 한 번도 그 규정을 지킨 적이 없다니까요!" 경리과 직원은 약간 흥분한 상태입니다. 이럴 때 논리적으로 대처하는 사람은 어떻게 대답할까요?

A : 무섭게 그러지 마요. 내가 단단히 일러둘게요.

B : 그럼 안 되죠! 호준 씨는 대체 일을 어떻게 하는 거야! 지금 당장 불러와!"

C : 그랬군. 나한테 시간을 조금 주면 앞으로는 반드시

금요일까지 정산하라고 전달할게요. 경리 관련 규정
이 나와 있는 매뉴얼 좀 찾아줄래요?

세 가지 중 어떤 대답이 가장 좋은 방식일까요? 정답은 C
입니다. A는 너무 두루뭉술한 대답입니다. 경리과 직원의
요청이 제대로 전달될지 확신이 서지 않는 말투이기 때문
입니다. 아마 경리과 직원은 이 대답을 듣고도 여전히 불안
할 것입니다. B의 경우 경리과 직원의 속은 시원해질 수 있
는 대답입니다. 하지만 다른 사람이 보는 앞에서 심하게 질
책을 받은 호준 씨는 민망함을 감출 수 없을 뿐더러 자존심
이 크게 상할 수 있습니다. 아무리 큰 잘못을 저질렀다 해도
다른 사람이 보는 곳에서 심하게 면박을 주는 행동은 삼가
야 합니다. 잘못을 지적할 때는 단둘이 이야기하는 것이 회
사에서 지켜야 할 기본적인 배려입니다. 반면, 칭찬을 할 때
는 가능한 많은 사람 앞에서 하는 것이 좋습니다.

그런데 면박을 주면 안 된다고 해서 "경비 처리 정도는 너
그렇게 봐줘도 되지 않아?"라는 식으로 호준 씨의 편을 들
면 안 됩니다. 문제가 전혀 해결되지 않을 뿐더러 이는 곧
경리과 직원에게 따지듯이 반박하는 모양새이기 때문입니

다. 함께 일을 할 때에는 이유 불문하고 자신의 일을 제때 완수해야 합니다. 그것이 협업의 가장 기본입니다. 그러므로 일단은 경리과 직원의 기분을 이해해주는 것이 합당한 대처입니다.

논리적인 사람은 어느 한쪽으로 치우쳐 감정적인 대응을 하지 않는다는 점에서 중립의 위치에서 갈등을 원만하게 해결하기에 탁월합니다.

잘못이 있다고 함부로 대해선 안 된다

호준 씨와 같이 잘못이 있다면 확실히 지적하여 고치도록 해야 합니다. 그런데 이때 많은 경우 위압적인 태도로 잘못을 묻습니다. 후배를 지도할 때는 위압적인 태도가 아니라 분명한 태도로 대해야 합니다. 다시 말해, 꾸짖는 것이 목적이 아니라 이해시키는 것이 목적이어야 합니다.

"호준 씨, 경비 처리 말인데 잘되고 있어? 매주 금요일까지 정산하게 되어 있지?(잘못을 간접적으로 지적함) 앞으로는 수요일 이전에 내 책상 위 서류함에 신청서를 넣어놓는 것으로 규칙을 정했어.(개선할 점을 밝힘) 이건 경비 처리에 관한 매뉴얼이니까 한번 훑어봐.(상대를 존중하는 화법)"

호준 씨는 경비 처리를 다른 일 다음으로 미루는 것을 대수롭지 않게 여기고 있을 가능성이 높습니다. 이런 경우에는 단순히 잘못을 지적하고 꾸짖기보다, 경비 처리도 중요한 일이라고 유념하도록 만드는 것이 효과적인 방법입니다. 앞으로 직속 상사가 관리하겠다는 은근한 압박을 주면 해당 업무를 등한시하지 않을 테니까요. 이때 핵심은 큰 소리로 꾸짖거나 강압적으로 하지 않고, 상대의 감정과 자존심이 상하지 않도록 존중하는 화법을 구사해야 한다는 점입니다. 이처럼 갈등을 조정할 때는 쌍방의 기분을 이해하고 양쪽의 감정이 상하지 않도록 중립적으로 배려하는 것이 중요합니다.

일 잘하는 사람의 갈등 중재

갈등을 중재하기 위해서는 양쪽의 입장을 모두 고려해야
합니다. 핵심은 큰 소리로 꾸짖거나 강압적으로 하지 않
고, 상대의 감정과 자존심이 상하지 않도록 존중하는 화법
을 구사해야 합니다. 특히 후배를 지도할 때는 위압적인
태도가 아니라 분명한 태도로 대해야 합니다. 다시 말해,
꾸짖는 것이 목적이 아니라 이해시키는 것이 목적이어야
합니다.

부사장이 10년간
1등으로 출근한 이유

 눈에 띄지도 않고 사소하지만 누군가에게 도움이 되는 일을 매일 착실히 하는 사람이 있습니다. 당신 주변에도 그런 사람이 있을 것입니다. 사실은 논리적인 사람일수록 모두가 싫어하는 일, 아무도 신경 쓰지 않는 일, 아무도 알아주지 않는 사소한 일을 성실히 하는 경향이 있습니다. 의외라고 생각하십니까? 그들은 늘 차분함을 유지하면서도 일에 대한 열의가 남다릅니다. 그래서 나름의 고집이 있어 해야 할 일은 반드시 완수하고 쉽게 포기하지 않는 뚝심을 발휘하기도 합니다. 특히 자신이 일한 것에 대해 지나치게 생색을 내지도 않고, 과도한 칭찬을 바라지도 않습니다. 대가를 바라지 않고 누군가 시키지도 않은 소소한 일을 착실히 이어나가면 주변으로부터 진실성을 인정받고 신뢰를 쌓을 수 있습니다. 이렇게 쌓은 신뢰는 여간해서는 무너지지 않습니다.

불평불만은 아무런 쓸모가 없다

사소하고 눈에 띄지 않는 일이라고는 했지만 어떤 일이든 누군가는 반드시 지켜보기 마련입니다. 그리고 관심 있는 사람이라면 그 노력을 분명 알아줄 것입니다. 남이 싫어하는 일, 아무도 칭찬해주지 않는 일(사실 알게 모르게 누군가는 지켜보는 일)을 자연스럽게 지속할 수 있는 사람은 정말 멋진 사람입니다.

제 지인인 Y 씨는 한 미용실 프랜차이즈의 부사장으로 일하고 있습니다. 그는 일이 바빠서 잠을 잘 시간도 모자랐지만, 예전부터 매일 아침 제일 먼저 출근하여 미용실 주변을 청소했습니다. 비가 오는 날도 바람 부는 날도 거르지 않고 10년 동안 계속했습니다. 아무도 출근하지 않은 이른 아침에 그가 하는 일을 누가 알겠냐고 대부분 생각할 것입니다. 그런데 매일 아침 미용실 앞을 지나며 Y 씨를 지켜본 은행

원이 있었습니다. 그는 나중에 지점장이 되자 Y 씨의 회사에 제일 먼저 투자를 하고 싶다고 말했습니다. 10년 동안 지켜본 결과 Y 씨라면 믿음이 간다고 판단했기 때문입니다. 이렇게 아무도 신경 쓰지 않기 때문에 쓸데없다고 생각하는 일을 누군가는 몰래 지켜보고 있습니다.

사소한 일이라고 말했지만, 사실 논리 안테나를 높게 세우는 사람은 그 일을 결코 사소하거나 재미없게 생각하지 않습니다. 그것이 그들의 가장 훌륭한 점이고, 사소한 일을 하찮게 여기고 신경 쓰지 않는 많은 사람들과의 차이입니다. 즉, 자신이 하는 일에 쓸데없는 감정을 개입시키지 않습니다. '시시한 일이잖아' '내가 왜 이런 일을 해야 해?' '다른 사람들은 왜 안 하는 건데?'라고 생각하지 않습니다. '하기로 마음먹었다면 불평불만을 늘어놓지 않고 자신의 생각대로 행동한다'는 태도로 꾸준히 실천합니다. 이들은 어떤 사소한 일이라도 필요한 일이라면, 그리고 일단 하기로 결정했으면 성실하게 합니다. 희생이라는 생각도 사소하다 혹은 손해 본다는 생각도 하지 않습니다. 이처럼 휘둘리지 않는 일관된 태도가 결국 쉽게 무너지지 않는 신뢰를 낳습니다.

누군가는 당신을 눈여겨보고 있습니다

당신의 주변에도 티 나지 않게 조용히 자신의 일을 찾아서 하는 사람이 있지 않습니까? 아래에서 열거한 일은 전부 누구도 시키지 않은 일입니다. 어찌 보면 아주 사소한 일, 귀찮은 일, 나서서 해도 이득이 없는 일, 언제 빛을 볼지 모르는 일입니다. 이들은 '보세요. 제가 이렇게 열심히 일을 하고 있잖아요!'라고 하듯, 다른 사람들이 보고 있을 때만 보여주기 식으로 열심히 하는 사람과는 정반대로 행동합니다.

아주 사소하지만 누군가는 해야 할 일

- 사용한 회의실을 깔끔히 정리한다.
- 공용 공간의 테이블을 닦고 불필요한 조명을 끈다.
- 복사 용지, 봉투, 편지지, 잉크 등 비품을 떨어지기 전에 미리 보충해놓는다.
- 외선이든 내선이든 사무실 전화가 울리면 대신 받는다.
- 어지럽게 쌓여 있거나 대충 보관된 파일과 서류를 분류하여 깔끔하게 정돈한다.
- 내부 데이터를 주기적으로 공유하고 백업한다.
- 외근을 나가기 전에 미리 미팅 장소로 이동하는 최적

의 경로를 알아놓는다.

- 식사할 때 빈 그릇을 한쪽에 모아둔다.

사소하지만 전체를 위해 쾌적하게 일하는 데 도움이 되는 일을 누군가 해주고 있다는 것을 알면 모두가 감사해하지 않을까요? 거듭 말하지만, 누군가는 지켜보는 법입니다. 물론 번거로운 일이나 힘든 일, 아무 소득도 없는 일, 누구나 싫어하는 일을 어쩔 수 없이 떠맡게 될 수도 있습니다. 그러나 감정이 아닌 논리로 생각하는 사람은 그것 또한 자신의 역할로 생각하고 충실히 완수하려 합니다.

필요한 일이라면 남이 알아주지 않아도 성실하게 해내는 자세는 매우 큰 장점입니다. 사람들은 이런 점에 안정감, 신뢰감을 느껴 그에게 큰 일을 맡길 것입니다. '이 사람에게 맡기면 문제가 없을 것이다.' '틀림없이 해낼 것이다.' 이런 신뢰감은 결코 하루아침에 생기는 것이 아닙니다. 말이 아니라 행동으로 보여주는 사람이 되기를 바랍니다.

일 잘하는 사람의 솔선수범

◇◇◇◇◇◇◇◇◇◇

자신이 하는 일에 쓸데없는 감정을 개입시키지 않습니다. '시시한 일이잖아' '내가 왜 이런 일을 해야 해?' '다른 사람들을 왜 안 하는 건데?'라고 생각하지 않습니다. 이들은 어떤 사소한 일이라도 필요한 일이라면, 그리고 일단 하기로 결정했으면 성실하게 합니다. 희생이라는 생각도 사소하다 혹은 손해 본다는 생각도 하지 않습니다. 이처럼 휘둘리지 않는 일관된 태도가 결국 쉽게 무너지지 않는 신뢰를 낳습니다.

어쩐지
대화가
잘 통하는
사람

밝은 에너지를
나누는 사람

존재만으로도 주변 분위기가 확 밝아지는 사람, 쾌활하고 사교적인 성격에 분위기를 잘 맞추고 말도 잘 통하는 사람이 있습니다. 그런 사람이 조직에 한 명만 있으면 그것만으로도 일의 고단함이 줄어들 수 있습니다. 한마디로 사교적인 사람이죠. 이들은 어느 곳에서나 환영받는 존재입니다. 흔히 영업이나 서비스업 같이 특정 업종에 종사하는 사람들에게 붙임성 있고 사교적인 성격이 중요하다고 생각합니다. 그러나 상대방에게 관심을 갖고 적극적으로 관계를 맺으려는 태도는 비단 특정 업종에서만 요구되는 것이 아닙니다. 함께 일을 해나가는 조직에서 혹은 협업을 하는 과정에서 누구나 갖추어야 할 태도입니다.

일상에서 늘 밝은 모습으로 스스럼없이 다가오는 사람들이 있습니다. 자유분방한 아이 같죠. 이들은 주변 사람들에게 즐거움을 줍니다. 어른들이 모여 있는 곳에 아이 한 명이 있으면 그 존재만으로도 웃음 짓게 만드는 것처럼 말입니다. 이처럼 구김살 없이 행동하는 어린아이 같은 모습은 누구에게나 호감을 주는 특별한 힘을 갖고 있습니다.

이들은 기본적으로 상대를 기쁘고 즐겁게 만들고자 하는 욕구를 갖고 있습니다. 그래서 눈치 빠르게 상대가 기대하는 반응을 보여주거나 재치 있게 말을 되받아치고, 적당한 추임새를 넣습니다. 때로는 장난기 가득한 농담을 함으로써 유쾌한 대화를 주도합니다. 심지어 지위가 높거나 어려운 상대에게도 이러한 행동을 자연스럽게 할 수 있다는 것이 그들의 큰 장점입니다.

대부분의 사람들은 상사나 나이 차이가 많이 나는 윗사람과 대화하는 일에 부담을 느끼고 우물쭈물하다가 뒤돌아 후회합니다. 그렇기 때문에 상대의 지위나 연령과 관계없이 금세 허물없는 대화를 나눌 수 있다는 것은 엄청난 무기입니다.

업무 현장에서는 주변 분위기에 잘 적응하고 스며드는 사람, 집단 내에서 밝은 분위기를 만들어 에너지를 주는 사람이 꼭 필요합니다. 그러므로 업종에 관계없이 사교성을 갖고 주변의 분위기를 주도할 줄 아는 능력은 함께 일하고 싶은 사람의 중요한 조건입니다.

대화에 불을 지피는
감탄사 사용법

저는 예전부터 주변을 잘 챙기는 것이 일종의 업무 능력이라고 생각해왔습니다. 주변에서 사람들에게 인정받고 존재감이 있으며 일까지 잘하는 사람을 유심히 관찰해보세요. 그들은 업무 능력이 대단히 탁월하거나 실적이 월등히 뛰어나서 좋은 평가를 받는 것이 아닙니다. 단지 상대를 즐겁게 만들고 작은 도움이라도 될 수 있는 말과 행동에 신경을 쓸 뿐입니다. 주변 사람에게 관심을 갖고 일을 꼼꼼히 챙기는 사람을 싫어할 사람이 있을까요? 비즈니스 영역에서뿐 아니라 일상에서도 이러한 사람은 관계를 계속 이어나가고 싶은 사람에 속합니다.

상대는 열정적으로 이야기하는데도 "아, 그래요?" "아…
네…"라며 뜨뜻미지근한 반응만 보이는 사람이 있습니다.
그런 사람과 이야기하다 보면 점점 힘이 빠져 더 이상 대화
를 이어나가고 싶지 않습니다. 반면 더 이야기하고 싶어지
는 사람, 이야기할수록 기분이 좋아져서 자신도 모르게 계
속 말을 하게 만드는 사람이 있습니다. 그런 사람은 대개 경
청의 고수입니다. 그리고 잡담에 재주가 있죠. 잡담도 경우
에 따라 대화의 기술이 됩니다. 대화가 끊기지 않도록 끊임
없이 반응하고 공감하며 새로운 주제를 잘 던져주는 하나
의 기술이기 때문입니다. 그래서 잡담을 잘하는 능력은 곧
어색하고 딱딱한 분위기를 편안하게 풀 수 있는 능력이기
도 합니다.

이렇게 남을 즐겁게 하고 분위기를 누그러뜨리며 편안하
게 만드는 사람을 보고 보통 사교성이 좋다고 말합니다. 이
들은 벽이 없는 것처럼 행동하기 때문에 어디에서나 적응
을 잘하고 누구와도 금세 친해집니다. 주변에 적이 없어 세
상을 살아가기가 훨씬 수월한 측면이 있죠. 어떻게 하면 상
대가 누구든 쉽게 대화를 이끌어내고 긍정적인 신호를 주
고받을 수 있는지 알아봅시다.

적극적인 반응은 최고의 대화 기술

무엇보다 '반응'이 필요합니다. 평소에 자신의 반응이 약하다고 생각하는 사람은 평소보다 두 배로 강하게 반응하려고 노력합시다. 그렇지 않은 사람도 앞으로는 평소보다 30퍼센트 더 강하게 반응합시다. 만약 내성적인 사람이라면 큰 소리로 과장되게 반응하는 일이 어려울 것입니다. 그래서 과한 반응에 부담을 느끼고 어색해하는 사람들도 유용하게 활용할 수 있는 간단한 방법을 소개하겠습니다.

감탄사를 많이 쓴다

상대에게 "와!" "대단해요!" "정말요?" 등의 감탄사와 함께 놀라는 표정을 보여줍시다. 상대가 말을 끝낸 즉시 반응을 보여주는 것이 중요합니다. 이렇게만 해도 활기차고, 밝고 편안한 인상을 줄 수 있습니다. 한편, 전화 통화를 할 때는 오로지 음성으로만 반응을 확인하며 소통하기 때문에 자칫 뜨뜻미지근하거나 떨떠름하다고 오해를 사기 쉽습니다. 그러니 목소리로 표정을 짓는다 생각하고 조금 더 과장된 표현을 자주 하는 것이 좋습니다.

반응 문구를 활용한다

사람은 재미있는 이야기를 들을 때 재미를 느끼는 것이 아니라, 재미있는 이야기라고 생각하고 들을 때 재미를 느낍니다.

"오, 정말 대리님답네요."

"이야, 그것 참 대단하네!"

"어머, 그랬어요?"

재미있다고 생각하고 들으면 자연스럽게 이런 반응이 나올 것입니다. 매번 똑같은 대사로 반응하면 곤란하겠죠. 평소에 미리 다양한 표현을 준비해둡시다. 듣는 사람이 크게 반응할수록 이야기하는 사람도 기분이 좋아집니다. 상대와 상황을 가리지 않고 언제 어디서나 분위기를 띄울 수 있는 표현이 있습니다.

"이야, 정말입니까?"

이것은 상대의 이야기에 놀라움을 표현하는 말이기도 하지만, 이야기를 계속 듣고 싶으니 조금 더 들려달라고 재촉하는 말이기도 합니다. 말투나 어조, 표정 등을 바꾸어가며 자유자재로 써봅시다. 과장된 반응이 아직 어색한 사람도 충분히 쉽게 쓸 수 있는 말입니다. 실제로 대화를 하는 도중에 이 말을 들으면 '내 이야기를 재미있게 듣고 있구나'라는 느낌이 듭니다. 그렇습니다. 이 느낌 하나만으로 상당히 유쾌한 분위기를 만들 수 있습니다.

상대의 말을 반복하고 긍정적 반응으로 돌려준다

확실히 대화 분위기를 띄울 수 있는 추임새를 또 하나 소개하겠습니다. 바로, 상대의 말을 똑같이 반복하는 것입니다.

"어제가 결혼기념일이라 아내와 외식을 했는데 말이야."

"아, 결혼기념일이셨군요!(그대로 반복함) 사모님과 식사하러 가셨다니 다정하시네요!(긍정적인 반응)"

이런 식으로, 상대의 말을 반복한 후에 곧바로 긍정적인 반응이나 상대의 감정과 상황에 깊이 공감하는 반응을 덧붙이면 됩니다. 우선 상대가 자신의 말을 반복하면 이 사람은 내 이야기에 관심이 있다고 생각합니다. 그리고 긍정공감 반응을 보여주면 내 이야기를 귀 기울여 듣는다고 느끼게 됩니다.

일 잘하는 사람의 리액션

◇◇◇◇◇◇◇◇◇◇◇◇

"이야 정말입니까?" 이것은 상대의 이야기에 놀라움을 표현하는 말이기도 하지만, 이야기를 계속 듣고 싶으니 조금 더 들려달라고 재촉하는 말이기도 합니다. 말투나 어조, 표정 등을 바꾸어가며 자유자재로 써봅시다. 이 말을 들으면 '내 이야기를 재미있게 듣고 있구나'라는 느낌도 듭니다. 이 느낌 하나만으로 상당히 유쾌한 분위기를 만들 수 있습니다.

말의 분위기를 바꾸는
비언어적 요소

사교력이 강한 사람은 모임의 분위기를 자신이 책임지고 있다는 듯 적극적으로 소통합니다. 이런 적극성만으로도 태도가 좋은 사람으로 여겨집니다. '그런 능력은 타고난 성격이니 나한테는 무리다'라고 생각하나요? 기쁜 소식이 있습니다. 누구나 훈련을 통해 쾌활함을 갖출 수 있다는 사실입니다.

언어에 의존하지 않는 소통

지금까지 수많은 초일류의 사람들을 만났습니다. 그들은

첫인상부터 남다릅니다. 거만한 구석이 하나 없고 인품이 훌륭합니다. 게다가 말로 표현하기 힘든 강한 아우라가 있습니다. 그래서 얼핏 보아도 대단한 사람임을 직감적으로 느낄 수 있습니다.

사람의 첫인상을 결정하는 것은 외모입니다. 사람은 시각을 통해 대부분의 정보를 얻기 때문이죠. 그렇다고 미남미녀일 필요는 없습니다. 구체적으로 말하자면 생김새, 표정, 행동거지, 시선 등이 전부 외모에 포함됩니다.

동양인은 서양인에 비해 무표정한 경향이 있습니다. 지하철이나 거리에서 다른 사람의 얼굴을 한번 관찰해보면 쉽게 공감할 것입니다. 무관심한 표정, 심드렁한 표정, 찌푸린 표정을 짓는 사람이 대다수입니다. 이는 우리가 언어에 의존하고 비언어적 소통을 소홀히 하기 때문입니다. 그에 비해 서양인은 모르는 사람에게도 미소를 짓습니다. 대부분의 서양 국가에서는 어릴 때부터 부모가 자녀에게 이런 사회생활의 요령을 가르칩니다. 그래서 그들은 표정으로 자신이 우위를 차지할 수 있다는 것, 표정으로 상대를 매료시킬 수 있다는 것을 잘 알고 있죠. 소통에 표정까지 활용함으로써 원하는 바를 얻어내곤 합니다.

혼자 집에 있을 때는 시큰둥한 표정을 지어도 괜찮습니다. 그러나 사회인으로서 다른 사람을 대할 때는 부정적인 표정을 없애려고 노력해야 합니다. 그러면 당신을 대하는 그들의 태도 또한 달라질 것입니다.

표정을 180도 바꾸는 3가지 핵심 요소

소통은 대화가 오가기 전에 서로의 표정을 읽는 것에서 시작됩니다. 오늘부터 표정에 세심하게 신경 씁시다. 다음 세 가지 지점에만 주의하면 완전히 다른 인상을 줄 수 있습니다. 바로 눈, 눈썹, 입꼬리입니다. 이 세 가지를 단숨에 바꾸는 간단한 방법은 미소입니다. 항상 웃는 사람은 일상에서뿐 아니라 비즈니스 현장에서도 압도적으로 좋은 첫인상을 남깁니다.

눈 = 눈꼬리를 내려 초승달 모양으로 만든다.
눈썹 = 대화할 때 눈썹을 상하로 움직인다.
입꼬리 = 미소를 지을 때는 윗니 6~8개가 보일 정도로 입꼬리를 올린다.

거울 앞에서 이렇게 미소를 지을 때와 무표정할 때의 얼굴을 비교해봅시다. 엄청난 차이를 확인할 수 있을 것입니다.

• 상대에게 편안함을 주는 얼굴의 3가지 핵심 •

• 초승달 모양 눈	• 사나운 눈매
• 끝이 내려간 눈썹	• 주름진 미간
• 올라간 입꼬리	• 처진 입꼬리

원래 목소리보다 약간 높은 목소리로

다음으로 중요한 것이 목소리 톤입니다. 평소 목소리보다 약간 높게 내는 것이 좋습니다. 높은 목소리는 사교적이고 쾌활하며 의욕적이고 유쾌한 인상을 준다고 합니다. 그러므로 자신이 평소에 내는 목소리보다 한 음 위의 목소리가 적당할 것입니다. 실제로 어느 정도 음정의 목소리가 가장 좋은 인상을 주는지 조사한 결과가 있습니다.

• 친밀감이 드는 목소리와 신뢰감을 주는 목소리 •

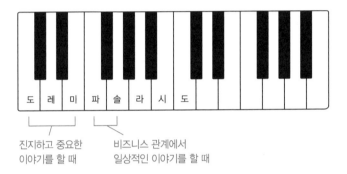

도 레 미 파 솔 라 시 도

진지하고 중요한
이야기를 할 때

비즈니스 관계에서
일상적인 이야기를 할 때

'도레미파솔라시도'를 소리내봅시다. 그중 '파' 또는 '솔' 높이가 비즈니스 관계에서 가장 적당한 톤입니다. 정확하지 않아도 괜찮습니다. 자신이 불러본 음계에서 '파'나 '솔'이 어떤지 느껴봅시다. 자신이 평소에 얼마나 낮은 목소리로 이야기했는지 실감할 수 있을 것입니다.

'도'에서 '미' 정도의 낮은 목소리는 총명하고 신뢰감 있는 인상을 준다고 합니다. 그래서 중요한 사업 이야기를 할 때는 '파'나 '솔'보다 조금 낮은 음정이 적합합니다. 그러나 평소에 낮은 목소리로 말하면 위압적으로 보이거나 다가가기 어려운 인상을 줄 수 있습니다. 공적인 이야기를 나누는 진지한 상황이 아닌 경우에는 높은 목소리가 훨씬 낫습니다.

남성의 경우 '파'나 '솔'이 너무 높다고 생각할 수 있습니다. 하지만 친해지기 쉽고 대화하기 편한 인상을 주려면 그 정도의 톤이 좋습니다. 목소리가 너무 낮은 사람은 말하는 속도를 조금 빠르게 해보는 것도 방법입니다. 속도감 있고 리드미컬하게 이야기하면 낮은 목소리의 위압감이 조금은 옅어질 수 있습니다.

집에 혼자 있을 때는 높든, 낮든 자신에게 가장 편안한 목소리로 말하면 됩니다. 허물없는 친구와 함께 있을 때도 신경 쓰지 않고 편하게 말해도 괜찮습니다. 그러나 사회인으로 행동할 때만큼은 자신의 목소리와 표정에도 노력을 기울일 필요가 있습니다.

일 잘하는 사람의 비언어적 소통

소통은 대화가 오가기 전에 서로의 표정을 읽는 것에서부터 시작됩니다. 오늘부터 표정에 세심하게 신경을 씁시다. 다음 세 가지 지점에만 주의하면 완전히 다른 인상을 줄수 있습니다. 바로 눈, 눈썹, 입꼬리입니다. 이 세 가지를 단숨에 바꾸는 간단한 방법은 미소입니다. 항상 웃는 사람은 일상에서뿐 아니라 비즈니스 현장에서도 압도적으로 좋은 첫인상을 남깁니다.

말센스 없는
사람을 위한 돌파구

말주변이 없어서, 이야깃거리가 없어서, 무슨 이야기를 해야 좋을지 몰라서(특히 처음 만나는 사람과) 말을 잘 못한다는 사람이 많습니다. 그러나 걱정할 필요 없습니다. 반드시 말을 많이 해야 활발한 대화가 이루어지는 것은 아니기 때문입니다. 보통 사교적인 사람은 말이 많을 것이라고 생각하지만 사실 그렇지 않습니다. 그들은 스스로 많이 떠들기보다, 상대가 이야기하도록 만드는 사람입니다.

고개를 끄덕여라

상대의 이야기를 이끌어내기 위해 쉽게 실천할 수 있는 방법이 몇 가지 있습니다. 첫 번째가 고개를 끄덕이는 것입니다. 강의를 듣는 수강생들에게 물어보면, 자신이 고개를 많이 끄덕였다고 착각하는 경우가 많습니다. 그런데 저는 그렇게 느끼지 않았습니다. 그들의 모습을 영상으로 찍어보면 이유를 단번에 알 수 있습니다. 고개를 끄덕이긴 했으나 대부분 동작이 너무 작아서 상대에게 거의 보이지 않는 것입니다.

상대가 고개를 보일 듯 말 듯 끄덕이면 '이 사람이 이야기를 잘 듣고 있는 건가?' 하는 생각에 불안해집니다. 반대로 고개를 크게 끄덕여주면 '아, 잘 듣고 있구나' 하고 안심이 되어서 기분이 좋아지고 점점 열정적으로 이야기하게 됩니다. 그렇기 때문에 조금 호들갑스럽다 싶을 만큼 크게 끄덕이는 것이 실제로는 적당합니다.

고개를 움직이지 않으면 상대의 마음도 움직일 수 없다

갓 사회생활을 시작했을 때, 선배의 거래처 미팅에 동행

한 적이 있었습니다. 미팅을 마치고 돌아가는 길에 선배가 제게 말했습니다. "자네는 이제 안 와도 돼. 자네 때문에 잘될 일까지 그르치겠어." 신입사원이었던 저는 영문을 알 수 없어서 무척 당황스러웠습니다. 그 자리에 함께 있었을 뿐, 쓸데없는 말을 하지도 않았고 실례되는 행동을 하지도 않았기 때문입니다. 그래서 선배에게 그 이유를 물었습니다. 선배가 이렇게 말했습니다. "고개를 한 번도 끄덕이지 않았잖아."

고개를 끄덕이지 않는 것은 상대의 이야기를 전혀 듣고 있지 않다는 표현이므로, 미팅 분위기를 해칠 뿐 아니라 상대에 대한 실례라고 했습니다. 이 일로 고개를 끄덕이는 행동, 즉 이야기를 듣는 자세가 얼마나 중요한지 깨달았고, 그후로 상대의 말을 경청하고 있다는 느낌을 줄 수 있도록 작은 반응에도 세심한 주의를 기울이게 되었습니다.

대화가 통하는 사람의 비밀

우리는 평소에 다양한 사람과 대화를 나눕니다. 처음 만나는 사람과 대화할 때는 긴장하지만, 잠깐만 대화를 해보면 그 사람과 말이 잘 통하는지 아닌지를 금세 알아차릴 수 있습니다. 서로 말이 통하려면 타고난 성격이 잘 맞아야 할까요? 아니면 공통적인 화제가 있어야 할까요? 물론 원래 성격이 잘 맞고 공통점이 많으면 대화를 나누기가 매우 수월하겠죠. 하지만 꼭 그렇지 않아도 괜찮습니다.

사실 말이 잘 통한다고 느끼는 데에는 서로의 성격이나 이야기 내용보다 대화의 리듬과 속도가 중요합니다. 즉, 상대에게 대화의 속도를 맞춰주면, 말이 잘 통한다는 느낌을 줄 수 있다는 뜻입니다.

이야기의 리듬과 속도는 사람마다 다릅니다. 말이 느린 사람이 있는가 하면 빠른 사람도 있습니다. 말이 느린 사람과 대화할 때는 상대의 말을 참을성 있게 기다립시다. 맞장구를 칠 때도 "그렇군요~!" "아하…"라며 말을 길게 늘이듯 합니다. 속도는 천천히, 리듬은 조금 크게 잡는 것이 좋습니다. 답변도 상냥하고 부드럽게 합시다. 마치 나이 든 사람이 어린아이와 이야기할 때처럼 친절하고 부드럽게 말하는 것이 좋습니다.

반면 말이 빠른 사람과 대화할 때는 맞장구를 너무 많이 쳐서 상대의 이야기 리듬을 흐트러뜨리지 않도록 조심해야 합니다. 그러므로 "정말!" "그렇군요!" "네, 알겠습니다"라고 경쾌하고 짧게 대답하는 것이 좋습니다. 고개를 끄덕이는 횟수도 상대의 리듬에 맞춰 늘립시다.

종종 성격이 잘 맞는 사람을 두고 호흡이 잘 맞는다고 표현합니다. 고개를 끄덕이고 맞장구를 치는 리듬, 대화의 리듬이 맞는다면 서로 호흡이 잘 맞는다는 뜻입니다. 일상생활에서는 자신과 잘 맞는 사람과만 관계를 맺으면 됩니다. 하지만 비즈니스에서는 항상 원하는 관계만 맺을 수 없는 법입니다. 그러므로 이야기의 내용뿐 아니라 리듬이나 속도까지 상대와 맞추려고 노력해봅시다.

일 잘하는 사람의 대화 리듬

◇◇◇◇◇◇◇◇◇◇

말이 느린 사람이 있는가 하면 빠른 사람도 있습니다. 사실 잘 통한다고 느끼는 데는 서로의 성격과 이야기 내용보다 대화의 리듬과 속도가 중요합니다. 즉, 상대에게 대화의 속도를 맞춰주면 말이 잘 통한다는 느낌을 줄 수 있습니다.

더 듣고 싶게 만드는
이야기 기술

같은 이야기라도 너무 담백해서 듣다 보면 지루해지는 사람이 있고, 톡톡 튀어서 머릿속에 그림이 그려지는 사람이 있습니다. 이 차이는 어디서 나오는 걸까요? 첫째는 생기 있고 알아듣기 쉬운 말투입니다. 둘째는 청자의 이해를 돕고 흥미를 유발시키는 것입니다. 이 두 가지 중 하나라도 놓치면 듣는 사람은 지루해합니다. 반대로 이 두 가지만 충족시키면 어디서 무엇을 말하든 말재주가 없는 사람으로 평가받지 않을 것입니다.

재치 있게 과장하기

타인을 즐겁게 해주려는 마음이 너무 과하면 주위의 눈총을 받을 수도 있습니다. '저 녀석은 아부꾼이야' '잘 보이고 싶어서 듣기 좋은 소리만 하는군' 주위에서 이런 평가를 받게 될지도 모릅니다. 하지만 비즈니스를 하다 보면 싫을지언정 입발림이 필요한 경우가 있습니다. 상대방은 입에 발린 소리인 것을 알면서도 기분이 좋아져서 당신이 주도하는 대화에 이끌리기 때문입니다.

더 듣고 싶도록 이야기를 재미있게 만드는 요소는 다양합니다. 그중 첫 번째로 소개할 방법은 '과장'입니다. 쉽게 생각해 코미디언들이 이야기하는 모습을 떠올려보세요. 평범한 소재라도 코미디언이 이야기하면 굉장히 재미있는 이야기가 됩니다.

서양인들에게서 동양인들의 이야기는 시시하다는 말을 종종 듣습니다. 사실을 있는 그대로 담백하게 이야기하는 경향이 있기 때문입니다. (물론 진지하게 사업 이야기를 할 때는 그래야 합니다.) 상대가 조금이라도 흥미를 가질 만한 방식으로 이야기를 해야 귀를 기울이게 만들 수 있습니다. 별 것아닌 이야기도 재미있게 만드는 가장 손쉬운 방법이 바로 과장법입니다. 코미디언만큼 유머러스하지 않아도 괜찮습니다. 약간만 과장하면 상대의 반응이 달라질 것입니다.

집에 손님이 와서 제가 좋아하는 식당의 초밥을 대접한 적이 있습니다. 그때 초밥이 아주 맛있다는 이야기를 어떻게 말하는 게 좋을까요?

A : 이 집 초밥은 정말 맛있습니다. 꼭 드셔보세요.
B : 이 집 초밥은 전 세계에서 제가 먹어본 초밥 중에 최고로 맛있습니다. 한번 드셔보세요.

어떤 말을 들었을 때 더 먹고 싶을까요? 정말로 세계에서 최고인지 아닌지는 몰라도 B처럼 말했을 때 '정말 그런가? 얼마나 맛있는지 먹어보고 싶다'는 생각이 들지 않을까요? 평소에 저는 이처럼 약간 과장하는 말버릇이 있습니다. 실없는 사람으로 보일지도 모르지만, 상대의 흥미를 자극하고 분위기를 띄우는 데는 아주 효과적입니다.

이때 상대방도 초밥을 먹고 "정말이네요. 저도 맛있다고 소문난 초밥을 먹어보았지만 단연 우주 최고입니다!"라며 제게 맞춰서 반응해줄지도 모릅니다. 그러면 우리는 더욱 화기애애하게 대화를 나눌 수 있겠지요?

단, 적정선 지키기

한 가지 주의사항은 이런 과장된 농담에는 적당함이 중요합니다. 너무 거창하거나 실없어 보이지 않아야 합니다. 어디까지나 목적은 사실을 더욱 매력적으로 포장하는 것이기 때문입니다. 있는 그대로의 사실만 이야기하는 사람은 아주 조금만 각색하는 연습을 해봅시다.

여기서 중요한 것은 조금만 각색해야 한다는 것입니다. 절대 거짓말을 해서는 안 됩니다. 터무니없이 부풀리거나 시시때때로 과장하면 신뢰를 잃을 수 있으니 적당한 선을 유지합시다.

비유법으로 흰 쌀밥에 양념 뿌리기

약간 과장된 비유를 사용하는 것도 좋습니다. 구체적인 사례 몇 가지를 들어보겠습니다. 단순히 사실을 전달하는 말이 어떻게 바뀌었는지 살펴보세요.

예1) 이 상품은 꾸준히 판매되고 있는 우리 회사의 인기 상품입니다.

→ 이 상품은 우리 회사의 상품 중 손꼽히는 명작입니다. 요리로 말하자면 누구에게나 사랑받는 치킨이나 돈까스 같은 존재죠. 우리 점포에 오시는 고객의 80퍼센트가 이 상품을 구매합니다.

예2) 이 신소재는 부드러워서 느낌이 좋습니다.

→ 우와, 이 신소재는 부드러워서 촉감이 최고네요! 마치 방금 만든 마시멜로우 같아요! 이렇게 촉감 좋은 물건은 만져본 적이 없어요!

예3) 수현 씨는 오늘 회식에 안 오신다고요? 아쉽습니다.

→ 이런, 수현 씨, 오늘 회식에 안 오신다고요? 수현 씨가 없는 회식이라니, 산타 없는 크리스마스랑 똑같잖아요! 정말 아쉽네요.

예4) 재희 씨, 고객에게는 연락을 수시로 해야 돼. 지금처럼 하면 고객이 자네 얼굴도 잊어버리고 주문을 넣는 것도 잊어버릴 거야.

→ 재희 씨, 상상이 잘 될지 모르겠지만 이렇게 생각해봐. 고객을 3개월째 꽤 진지하게 사귀고 있는 애인이라고 생각하고 대하는 거야. 애인에게는 수시로 연락하고 데이트가 끝나고 헤어진 뒤에도 안부 문자를 보내잖아. 고객에게도 마찬가지로 그렇게 성실한 자세로 신경 써야 해.

이런 식으로 비유를 활용하기만 해도 대화가 훨씬 풍성하고 생기발랄해집니다. 비유는 말에 구체성과 설득력을 부여하기 때문입니다. 또 마지막 예처럼 후배나 부하에게 조언을 할 때 비유를 활용하면, 상대방이 비유에 관심을 기울이게 됩니다. 그래서 '이렇게 해라' '저렇게 해라'라고 명령하는 듯한 인상을 주지 않을 수 있어서 더욱 유용합니다.

비유의 소재로는 '누구나 잘 아는 것' '떠올리기 쉬운 친근한 것' '최근에 화제가 되는 것'이 좋습니다. 그중에서도 시간과 장소에 제약받지 않고, 다양한 상황에서 쓸 수 있는 확실한 비유 소재를 몇 가지 준비해놓으면 활용도가 높습니다.

비즈니스에서 유용한 의성어와 의태어

지금까지 이야기한 과장과 비유에 이어서 상태를 표현하는 '의태어'와 소리를 표현하는 '의성어'를 자주 쓰는 것이 또 하나의 방법입니다.

'겨울이 다가오니 손이 꽁꽁 언다.'
'공이 엄청난 속도로 쌩하고 날아왔다.'
'아기 피부는 보들보들하고 매끈매끈하다.'

여기서 '꽁꽁' '쌩' '보들보들' '매끈매끈'이 의성어·의태어입니다. 감탄사와 마찬가지로 대화 중에 의성어와 의태어를 많이 써도 이야기에 생기가 돌아서 청자의 관심을 끌기에 효과적입니다. 앞에 나온 문장을 '겨울이 다가오니 손이 차다' '공이 빠른 속도로 날아왔다' '아기 피부는 부드럽고 깨끗하다'라고 바꿔 말하면 어떨까요? 밋밋하고 심심해져서 기억에 남지 않는 문장이 되어버립니다. 그러나 의성어와 의태어를 많이 쓰면 언어에 생동감이 더해져 의미가 훨씬 잘 전달됩니다.

말을 잘하는 사람은 의성어와 의태어를 능숙하게 활용합

니다. 프레젠테이션을 잘하기로 유명했던 애플의 설립자 스티브 잡스 역시 흔하지 않은 의성어와 의태어를 효과적으로 쓰는 것으로 잘 알려져 있습니다.

사교력이 있는 사람은 분위기를 잘 띄우는데, 의성어와 의태어를 자주 쓰는 것도 그들의 기술 가운데 하나입니다. 이들은 "이대로 쭉 가자!" "후다닥 끝내자!"와 같은 말을 자연스럽게 씀으로써 다른 사람들의 의욕을 북돋우거나 축 처진 분위기에 생동감과 에너지를 불어넣습니다. 특히 감정을 표현하는 데 서툴다면 의식적으로라도 자주 쓰려고 노력합시다.

비즈니스 현장에서 실제로 쓰기 좋은 의성어와 의태어를 소개하겠습니다.

○ **의성어**

뚝, 짝, 탁, 쌕쌕, 씽씽, 멍멍, 삑삑, 찰싹, 찰칵, 땡땡, 우당탕, 퍼덕퍼덕, 부릉부릉, 아삭아삭, 사각사각, 첨벙첨벙, 꿀꺽꿀꺽, 쿨럭, 또르르, 뽀드득, 후드득, 소곤소곤, 칙칙폭폭, 쓱싹쓱싹, 싹뚝싹뚝, 쏴아아, 보글보글, 와그작, 달그락, 째깍째깍, 뿌지직, 꼬르륵, 딩동댕동, 바스락

"죄송합니다. 바스락거리는 소리가 업무에 방해되진 않으셨는지요?"

"오늘 아침 출근길 괜찮으셨어요? 비가 쏴아아 하고 억수 같이 내려서 사고가 많이 났더라고요."

"오늘 점심 뭐 드시고 싶으세요? 보글보글 끓인 차돌된장찌개 어떠세요?"

"오늘 회의는 우당탕탕 했어요 정말. 진땀을 얼마나 흘렸는지 몰라요. 다음에는 준비를 좀 더 철저히 해야겠네요.

○ 의태어

착, 쫙, 확, 꼭, 꾹, 꽉, 떡, 홱, 후딱후딱, 후다닥, 번쩍번쩍, 둥실둥실, 뒤룩뒤룩, 바들바들, 살랑살랑, 빽빽, 빼빼, 팽팽, 바싹, 탱탱, 파르르, 술술, 줄줄, 헤벌쭉, 불룩, 움푹, 홀랑, 엉금엉금, 아장아장, 터벅터벅, 절레절레, 오물오물

"알겠습니다. 후딱 끝내시죠."

"팽팽한 긴장감이 느껴지는 프레젠테이션이었습니다."

"그 기획, 이번 프로젝트에 꼭 들어맞네요!"

"재희 씨의 제안을 보고 감이 확 왔는데, 제 생각을 말씀

드려도 될까요?"

"그때 주신 과자 말인데요. 조금씩 아껴 먹으려고 했지만 너무 맛있어서 저도 모르게 홀랑 다 먹어버렸어요."

"우리 팀장님은 말씀하실 때 입을 오물오물 하셔서 알아듣기 힘들어요."

이런 식으로 의성어와 의태어를 자주 활용하여 이야기에 생동감과 역동성을 더합시다.

문장은 최대한 짧게

이야기를 쉽게 전달하기 위해서는 문장을 짧고 빠르게 끊는 것이 좋습니다. 자세히 길게 이야기하는 것이 좋다는 생각은 큰 착각입니다. 말을 잘하고 남을 매료시키는 사람일수록 짧게 말합니다. 말이 길어지면 도통 상대가 무슨 이야기를 하는지 맥락을 파악하기 어렵습니다. 말하는 사람도 중간에 다른 길로 빠질 수 있습니다. 누구나 한번쯤 말을 하다가 '내가 무슨 말을 하려고 했지?'라고 생각한 적 있을 것입니다. 말이 짧고 명료하면 더 지적으로 보이는 효과도 있습니다.

"그래, 맞아요. 어제 있었던 일인데, 우리 회사의 주요한 거래처 사장과 회의를 했는데, 거기서 사장이 하는 말이, 수주 시스템을 개선하고 싶다는 거예요. 그런데 저는 사장이 말하는 개선이 그리 간단한 문제가 아니라고 느꼈는데, 그게 왜 그런가 하면…"

더 듣고 싶은 마음이 싹 사라집니다. 길어질수록 청자의 집중력이 떨어지고 메시지가 한번에 전달이 안 됩니다. 즉, 말이 힘을 잃습니다. 지금까지 했던 이야기를 참고하여 고쳐보면 이렇게 됩니다.

"어제 회의 때 재미있는 일이 있었어요.(이야기 주제 제시) 상대 회사 사장이 수주 시스템을 고치고 싶다고 합니다. (한 문장을 짧게) 전 그 말을 듣는 순간 감이 딱 왔죠.(의태어 활용) 지금부터 시스템 개선에 대한 제 의견을 말씀드리려고 합니다.(분위기 전환) 시스템 개선에는 큰 문제가 두 가지 있어요. 첫째는… (핵심을 일목요연하게)"

어떻습니까? 전자에 비해 무슨 말을 하는지 한 문장씩 이해가 됩니다. 그리고 중요한 이야기가 무엇인지 파악할 수 있죠. 업무적인 말투를 갑자기 바꾸기 어려운 사람은 사적인 술자리에서나 동료와 함께 점심을 먹을 때 연습해보시기 바랍니다.

일 잘하는 사람의 말센스

◇◇◇◇◇◇◇◇◇◇◇

말을 잘하는 사람은 의성어와 의태어를 능숙하게 활용합
니다. 언어에 생동감이 더해져 의미가 훨씬 잘 전달됩니다.
특히 감정을 표현하는 데 서툴다면 의식적으로라도 자주
쓰려고 노력합시다.

어색할수록
먼저 다가가라

　조직이란 각기 다른 환경에서 살아온 다양한 사람들이 모여 있는 곳입니다. '요즘 젊은 것들'이라고 운운하는 사람은 조금 줄어든 것 같지만, 그래도 세대가 다르면 크든 작든 세대 차이가 나기 마련입니다. '우리 부장님은 진짜 왜 그럴까?'라고 생각하는 당신도 아랫사람들에게 비슷한 사람일 것입니다. '우리 대리님은 요즘 트렌드를 몰라' '과장님은 항상 옛날 이야기나 자기 자랑만 늘어놓아서 피곤해'라고 생각할지도 모릅니다.

　이렇게 세대 차이가 나다 보니 윗사람과 대화할 때면 어색하고 긴장해서 경직되는 사람들이 많습니다. 그리고 대화가 끝나면 극도의 피로감이 몰려오죠. 퇴근 후에 피곤한 이유는 단지 일이 많아서가 아닙니다. 이처럼 긴장되는 순간들이 피로를 더하기 때문입니다. 어려운 사람과의 대화에서도 주눅 들지 않고 편안하게 소통할 수 있다면 하루가 훨씬 수월하게 느껴질 것입니다. 나이가 많은 상사들 역시 당신을 좋게 평가할 테니 이 또한 당신이 사회생활을 하는 데 있어 큰 이점으로 작용할 수 있습니다.

나이가 무기인 나이

윗사람 앞에서 경직되는 사람은 무의식적으로 '내 생각을 솔직히 말하면 버릇없다고 생각하겠지?' '혹시 나를 싫어하거나 귀찮아하지는 않을까?'라고 걱정합니다. 여기에는 연습밖에 답이 없습니다. '이런 말을 하면 상대는 어떻게 생각할까?'라는 불안을 일단 진정시키고 솔직하게 자신의 생각을 말해봅시다. 세대 차이도 신경 쓰지 말고, 당신이 먼저 연장자에게 말을 걸어봅시다. 중년 이상의 연장자가 보기에 당신이 생각하고 말하고 행동하는 것들은 대부분 귀엽게 보일 것입니다. 설사 엉뚱한 행동이거나 실수를 한다고 해도 말입니다. 만약 당신보다 나아가 훨씬 어린 후배가 실수하여 어쩔 줄 모르는 모습을 본다면 어떻겠습니까? 정말 중대한 실수가 아니고서야 웬만해서는 피식 웃음이 나올 것입니다.

대화의 소재는 무엇이든 괜찮습니다. 일단은 일과 직접 관련되지 않은 가벼운 소재가 무난하겠지요. 예를 들어 맛집을 찾아다니기로 유명한 상사에게는 이렇게 말을 걸어봅시다.

"과장님은 평소에 어디서 식사를 하세요? 저는 회사 주변 식당들이 다 비싸서 요즘 편의점 음식만 먹고 있거든요. 만 원 이내로 먹을 수 있는 맛집 하나 알려주세요. 하하."

"과장님, 도쿄 출신이시죠? 이번에 출장을 가는데, 맛있는 식당을 아시면 추천해주세요. 출장이 처음이라 긴장되면서도 설레네요!"

점심값을 걱정하며 메뉴를 고민하는 모습이 연장자의 눈에는 귀여워 보일 것입니다. 처음 가는 출장에 긴장하면서도 들뜬 모습 역시 마찬가지입니다. 이제 자신에게는 찾아볼 수 없는 모습이지만, 과거의 자신을 보는 듯하기 때문입니다.

물론 친구에게 말하듯 무슨 말이든 해도 된다는 뜻은 아닙니다. 어느 정도 융통성 있게 상대의 성격과 주변 분위기를 파악하는 것은 필수입니다. 만약 바쁠 때 업무와 관계없는 이야기를 꺼내면 폐를 끼치는 것입니다. 그러므로 반드시 상대가 시간적으로 여유가 있을 때 말을 걸어야 합니다.

사실 나이가 많거나 지위가 높은 사람일수록 품이 넉넉한 법입니다. 그래서 그런 사람들은 솔직하게 말하는 아랫사람을 뻔뻔하다거나 버릇없다고 생각하기보다 귀엽다고 생각하는 경우가 많습니다. 그러니 자신의 부족함이나 엉뚱함 때문에 눈 밖에 날까 두려워하지 말고 자신 있게 먼저 다가가 보세요. 연습할수록 한결 편안해질 것입니다.

친구보다 선배와 친하게

회식 자리에서 대부분 동기나 또래끼리 모여 앉습니다. 선배나 상급자와 함께 있으면 밥도 제대로 먹기 힘들기 때문에 편한 사람들과 시간을 보내기 위해서입니다. 물론 그 마음을 모르는 것은 아닙니다. 하지만 편한 시간은 회사 밖에서 친구와 얼마든지 보낼 수 있습니다. 직장에서는 하나라도 더 배울 수 있고 도움을 얻을 수 있는 사람과 가깝게 지내는 것이 스스로에게 좋습니다. 조금만 용기를 내어 연장자와 같은 테이블에 앉아봅시다. 당신이 입사하기 전에 회사가 어땠는지 물어보세요. 여러 흑역사도 듣고, 새로운 정보도 얻을 수 있어서 의외로 재미있을 것입니다.

혹시라도 상사가 아재 개그를 연발한다면, 가짜 웃음이라도 좋으니 기꺼이 웃어줍시다. '썰렁한 소리 하지 마세요'라는 듯 차가운 눈길을 참는 것이 어려울 수는 있습니다. 하지만 웃음에 돈이 드는 것도 아닌데 인색해봤자 남는 것도 없습니다. 상대가 재미없는 이야기를 했을 때 기꺼이 웃어주는 일은 어쩌면 예의의 문제이기도 합니다. 앞으로 계속 같은 회사에서 상사와 부하 관계로 일을 해야 한다면 친밀한 관계를 형성하는 것이 현명합니다.

아무리 재미없는 말을 하더라도 그가 인생에서든 일에서든 경험이 훨씬 풍부한 선배임은 분명합니다. 또래와만 대화하고 어울린다면 나와 다른 경험에서 나오는 관점이나 지혜를 얻을 기회를 놓치는 것입니다.

나와 처지도 다르고 세대도 다른 사람과 적극적으로 어울려야 합니다. 자신보다 나이가 많은 사람, 지위가 높은 사람, 혹은 자신보다 나이가 어린 사람, 지위가 낮은 사람들과 다양하게 어울려보세요. 여러 세대의 관점을 갖춘다면 사회를 더욱 넓고 깊게 볼 수 있으며 도량도 커질 것입니다. 만약 도저히 내키지 않는다면 자신의 발전을 위해 회사라는 공간을 이용한다고 생각해보세요. 한결 수월할 것입니다.

분명 잘 맞지 않는 사람도 있을 것입니다. 하지만 저는 우리 회사 영업부에 항상 이렇게 말합니다. "잘 안 맞는 상대일수록 자주 말을 겁시다." "어색한 사이일수록 얼굴을 자주 마주쳐야 합니다." 무작정 피하기만 하면 관계는 조금도 나아지지 않습니다. 어색한 사람과 솔직하게 이야기하기가 너무 어렵다면, 처음에는 웃는 얼굴로 인사만 해도 괜찮습니다. 그렇게 상대와의 거리를 조금씩 좁혀나갑시다.

다양한 사람과 사이좋게 지낼 수 있는 유연한 사고방식을 지닌 사람은 반드시 주위 사람들로부터 존중과 인정을 받습니다. 그러다 언젠가 자신의 강점을 살려 조직의 중요한 위치에 오를 가능성도 높아질 것입니다.

일 잘하는 사람의 관계 유형

◇◇◇◇◇◇◇◇◇◇◇

자신보다 나이가 많은 사람, 지위가 높은 사람, 혹은 자신
보다 나이가 어린 사람, 지위가 낮은 사람들과 다양하게
어울립시다. 여러 세대의 관점을 갖춘다면 사회를 더욱 넓
고 깊게 볼 수 있으며 도량도 커질 것입니다.

능력이 되는
태도 5
존중력

적을
만들지
않는
기술

상대를 귀하게
여기는 마음

붙임성이 있으면서 겸손한 사람, 언제나 타인을 온화하게 대하고 화를 낼 줄 모르며 싸움을 일으키지 않는 사람. 다른 사람을 존중하는 사람을 말로 표현하자면 이런 느낌일 것입니다. 이들은 협조적인 성향이 강합니다. 언제나 상대의 의견과 생각을 인정할 줄 알죠. 이들은 억지로 남에게 맞추려고 애쓰는 것이 아닙니다. 남에게 맞출 수 있는 적응력이 뛰어난 것입니다.

이들은 비록 눈에 띄는 유형은 아니지만 온화하고 충실한 인품을 바탕으로 신중하게 행동함으로써 주위로부터 두터운 신뢰를 받습니다. 제 주변에도 이러한 사람이 많습니다.

그들은 모두 관계를 맺는 데 있어 무척 편하다는 느낌을 줍니다. 매사 상대의 입장에서 바라보고 이해하기 때문에 남을 불쾌하게 만드는 일이 없습니다. 늘 예의 바르고 온화한 태도로 자신을 대하는 사람에게 거리감을 느끼는 사람은 거의 없지 않을까요? 그들을 가족 구성원에 비유한다면 한마디로 '온순한 아이' 같습니다. 분위기를 파악하려 눈치를 살피고 주위에 잘 적응하려는 태도는 마치 아이가 부모의 사랑을 받고 싶어 착한 아이가 되려는 노력을 연상시킵니다.

어떤 행동이든 상대를 귀하게 여기는 마음, 즉 상대를 존중하는 마음이 바탕입니다. 상대의 생각과 일뿐만 아니라 존재 자체를 존중해야 합니다. 그래야만 사소한 언행을 통해 그가 무엇을 생각하고, 느끼고, 필요로 하는지 알아챌 수 있습니다. 항상 겸손한 자세로 행동하며 으스대지 않는 태도는 어떤 상황에서 누구에게든 좋은 이미지를 만드는 가장 확실한 무기입니다.

호감을 주는
인사법 3가지

　존중 안테나가 예민하게 작동하는 사람은 만나는 사람마다 기분을 좋아지게 만드는 능력이 있습니다. 상대에게 '이 사람은 적이 아니다' '나를 인정해준다' '내 생각과 인격을 존중한다'는 느낌을 줍니다. 누구나 인간관계에서 자신이 특별한 대우를 받고 소중하게 여겨지기를 바랍니다. 상대에게 이러한 느낌을 줄 수 있는 구체적인 방법을 몇 가지 소개하겠습니다.

이름을 부르기

누군가와 대화할 때 중간중간 이름을 불러봅시다. 의외로 문자로든 말로든 누군가에게 말을 걸 때 상대의 이름을 부르는 사람이 많지 않습니다. 특히, 회사에서는 주로 직급이나 직책에 따라 '과장님' '팀장님' '대표님' 혹은 '선배님'과 같이 부릅니다. 그러나 '은영 과장님' '지은 선배님'이라고 이름을 붙여서 부르면 당사자가 들었을 때 훨씬 더 친근함을 느낍니다. '이 사람은 나에게 관심이 있구나' '나를 존중해준다'고 느껴서 마음의 벽을 허물 것입니다.

아랫사람을 부를 때 역시 마찬가지입니다. '이 건에 대한 의견 있어요?' '이 기획서, 어떻게 생각해?'라고 말하기보다 '이 건에 대한 준혁 씨의 의견은 어때요?' '이 기획서, 준혁 씨는 어떻게 생각해?'라고 말하면, 상대는 자신의 의견을 진심으로 듣고 싶어 한다고 생각합니다. 그래서 도움이 되기 위해 성심성의껏 의견을 낼 것입니다.

관심이 담긴 맞춤 인사

인사는 인간관계의 가장 기본입니다. 하지만 단순히 인

사만으로는 무언가 2퍼센트 부족합니다. 이왕 하는 인사라면 한두 마디를 더 보탭시다. 예를 들어 아침에 출근했을 때 동료에게 '태현 씨, 좋은 아침. 어제는 늦게까지 수고했어요' '태현 씨, 좋은 아침. 오늘 회의가 잘 끝나면 좋겠네요'라고 인사를 합니다. 그러면 상대방은 당신이 자신에게 관심을 갖고 진심으로 대한다고 느껴서 친근감이 들 것입니다. '단순히 태현 씨, 좋은 아침'이라고만 하면 어떤가요? 딱히 불쾌하지는 않지만 비교적 형식적인 인사처럼 들릴 것입니다. 누구에게나 할 수 있는 무미건조한 인사말이기 때문입니다. 그 사람만을 위한 맞춤 인사를 하도록 노력해봅시다.

흔히 기념일에 받는 단체 메시지를 떠올려보세요. 수두룩하게 쌓인 단체 메시지 사이에 나만 생각하며 쓴 하나뿐인 메시지가 눈에 띌 것입니다. 그런 메시지에는 가장 먼저 읽고 정성스럽게 답장하고 싶죠. 상대와의 거리를 좁히고 앞으로 친근한 관계로 발전시키고 싶다면, 조금 더 성의 있게 관심의 표현을 하는 것이 좋습니다.

명함 귀하게 모시기

명함은 그 사람을 대하듯 귀하게 여겨야 합니다. 상대가 악수를 청할 때 정중하게 받는 것처럼 명함도 정중히 대해야 합니다. 비즈니스에서 가장 많이 하는 실수 중 하나가 명함을 받고 나서 곧바로 지갑이나 가방에 넣는 것입니다. 한 번쯤 보면서 이름과 소속을 확인하고 챙기도록 주의합시다. 만약 명함 디자인이 독특하거나 이름이 특이하다면 그것에 대해 관심을 보이는 것도 좋습니다. 이것이 명함을 건넨 상대방에 대한 예의이자 성의 표시입니다. 명함을 받고 눈길도 주지 않는 모습을 보면 자신에게 관심이 없다고 생각하기 쉽습니다.

아무리 성격이 좋은 사람이라도 자신의 명함을 함부로 다루면 불쾌할 것입니다. 심지어 미팅하는 내내 상대에게 받은 명함을 흐트러진 자료 사이에 끼워놓고, 여기저기 굴러다니는데도 전혀 신경 쓰지 않는 사람이 있습니다. 이는 상대방에게 매우 무례한 일입니다. 함께 이야기하는 동안은 명함 케이스나 책상 위에 반듯하게 올려놓도록 합니다. 그리고 미팅이 끝나면 챙겨서 다른 곳에 보관하는 것이 좋습니다.

일 잘하는 사람의 인사법

상대와의 거리를 좁히고 앞으로 친근한 관계로 발전시키고 싶다면, 상대의 이름을 자주 부릅시다. 그리고 형식적인 인사에 상대만을 위한 관심의 표현을 덧붙여봅시다.

대화를 메모하는
습관의 힘

누구나 자신에게 관심을 보이는 사람에게 호감을 느끼기 마련입니다. 명함을 교환했다면 관련 정보를 잊지 않기 위해 만난 날짜와 용건, 그리고 상대의 특징 등을 명함 뒷면 등에 메모합시다. 유능한 영업사원은 노트에 고객의 정보를 정리하는 습관을 갖고 있습니다.

메모하는 습관이 상대에 대한 존중과 무슨 관계가 있을까요? 타인을 존중하는 사람은 안전성을 매우 중시합니다. 그래서 혹시라도 잊어버리지 않도록 새로운 정보를 확실히 저장하려 합니다. 그래서 '이 사람은 이것을 싫어한다' '이 사람은 이런 말을 하면 좋아한다'는 정보를 습관적으로 적어놓습니다. 머릿속에 계속 기억해둘 수 있다면 좋겠지만, 현실적으로 불가능하니까요. 잊어버릴 수도 있고 다른 사람에 대한 정보와 헷갈릴 수도 있죠. 그러니 여러분도 새로운 사람을 만나면 그날 안에, 가능하다면 대화를 한 직후에 곧바로 메모하도록 합시다. 그 내용은 출신지, 분위기, 연령, 가족, 구성, 취미, 직업, 좋아하는 음식, 좋아하는 색 등 무엇이든지 좋습니다. 다음에 다시 만나 대화를 나눌 때 반드시 도움이 될 것입니다.

두 번째 만남에서 상대가 나에 대해 섬세하게 기억하고 있다면 어떻겠습니까? 누군가 자신에 대해 관심을 갖고 기억해준다는 것은 무척 감사한 일입니다. 그래서 메모는 짧은 만남에도 쉽게 호감과 신뢰를 얻을 수 있는 인상적인 방법이 될 수 있습니다. 구체적이고 사소한 것일수록 효과는 더 좋습니다. 노트이든 스마트폰이든 자신이 편한 방법을 선택해 메모하는 습관을 길러보세요.

두 번째 만남에서 거리를 단숨에 좁히는 방법

처음 만난 사람의 정보를 메모해두면 두 번째 만남에서부

터 빠르게 가까워질 수 있습니다. 모처럼 첫 만남에서 좋은
인상을 남겨놓고 다시 어색한 관계로 돌아간다면 참으로
아까운 일입니다. 다시 만났을 때 처음보다 거리를 확 줄이
기 위해서는 처음 만났을 때의 화제를 언급하는 것이 효과
적입니다. 예를 들면 이런 식입니다.

- **두 번째 만남의 이야기 소재** •
  - 첫 만남에서 나눈 이야기
  - 좋아하는 음식이나 음료
  - 추천받은 것
  - 가족 구성원
  - 반려동물 유무
  - 사는 지역
  - 출신 지역

"지난번에 추천해주신 책을 읽었습니다. 정말 훌륭한 책
이던데요? 요즘 계속 베스트셀러만 읽고 있어서 말씀
해주시지 않았다면 절대 몰랐을 거예요. 좋은 책을 추
천해주셔서 감사합니다."

"요전에 말씀하신 레스토랑에 가봤습니다. 중요한 미팅을 그곳에서 했는데, 덕분에 일이 잘 풀렸습니다. 상대 쪽에서 매우 만족하더라고요. 정말 감사해요. 다음에도 좋은 곳이 있으면 또 알려주세요!"

어쩌면 상대는 자신이 그런 이야기를 한 것조차 잊어버렸을지 모릅니다. 그래도 당신이 세심하게 기억해준 것에 기쁘고 감사할 것입니다. 이런 방법으로 상대와의 거리를 단숨에 줄일 수 있습니다. 저도 그런 기억이 있습니다. 몇 차례 같은 식당에서 식사를 했던 사람과 또 한번 그 식당에 갔을 때의 일입니다. 그 사람은 식당에 들어서자마자 "야스다 씨는 이 자리를 좋아하시죠?"라고 말하며 저를 재빨리 안내했습니다. 사소한 배려였지만 '내 취향을 기억해주었구나' 싶어 감동했습니다.

이러한 유형의 사람이 칵테일을 만들면 최고로 맛있습니다. 손님이 좋아하는 혼합 배율을 잘 기억하기 때문입니다. 하물며 이들은 선물을 할 때도 상대가 무슨 색을 좋아하는지 기억했다가 그 색의 리본으로 포장을 하는 등 보통은 그냥 지나치는 부분을 세심하게 잘 챙깁니다.

일 잘하는 사람의 메모 습관

처음 만난 사람의 정보를 메모해두면 두 번째 만남에서 빠르게 가까워질 수 있습니다. 다시 만났을 때는 첫 만남에서 나눈 대화를 언급하는 것이 좋습니다. 구체적이고 사소한 것일수록 더 효과적입니다.

싫은 기색은
도움이 되지 않는다

어떤 의미에서는 타인을 존중한다는 것이 상대의 말을 이의 없이 잘 받아들인다는 뜻이기도 합니다. 이것은 비즈니스에서 아주 큰 장점입니다. 예를 들어 당신이 매우 바쁠 때 상사가 다른 업무를 지시했다고 합시다.

팀장: 미안하지만 이 기획서를 내일까지 만들어줄 수 있겠어?

팀원: 음, 내일까지요? 아… (곤란한데. 지금 일이 쌓여서 바쁘다고요…)

괄호 안의 말은 마음속으로 하는 말입니다. 여러분도 이 팀원의 마음에 깊이 공감할 것입니다. 그러나 "네, 기획서요? 내일까지요? 알겠습니다. 오늘 일이 끝나는 대로 바로 진행하겠습니다"라고 대답하는 사람도 있습니다. 이들은 남이 부탁한 것에 저항하거나 반론을 제기하지 않습니다. 싫은 기색 하나 없이 남의 말을 순순히 받아들입니다. 현실적이지 않다고 생각하십니까? 한 번 더 생각해봅시다.

어차피 상사가 지시한 일이니 싫어도 할 수밖에 없습니다. 그렇다면 차라리 시원하게 받아들이는 것이 낫지 않을까요? 불평을 한다고 좋아지는 것은 하나도 없습니다. 그리고 '알겠습니다'라고 지시를 받아들였다면 미적거리지 맙시다. 존중력이 우수한 사람들은 빠릿빠릿하게 행동하고, 심지어 누군가 그 일을 시키거나 언급하기도 전에 준비해놓습니다. 상대는 일이 빠르게 진행되는 것에 흡족해하며 당신의 태도를 높게 평가할 것입니다.

제가 아는 기업 CEO 등 업계에서 일류인 사람들은 아무리 바빠도 남을 기다리게 하지 않습니다. 흔히 일 못하는 사람들이 '시간이 없다' '너무 바쁘다'와 같은 말을 입에 달고 살며 온갖 핑계를 늘어놓습니다. 다시 말해, 회사에서 바쁘다는 핑계는 자신의 무능함을 대변하는 것입니다. 자기 혼자만 바쁜 것이 아니기 때문입니다. 일을 하는 사람들 중에 "나 한가해" "나 시간 많아"라고 말하는 사람이 얼마나 될까요? 회사에서 안 바쁜 사람은 없습니다.

물론 정말로 불가능한 일정인 경우도 더러 있습니다. 그럴 때는 바쁘다는 핑계 대신 분명한 이유를 들어 협의를 하는 것이 현명합니다. 간혹 불가능한 일을 아무 생각 없이 받아들이거나 지나친 욕심으로 가능하다고 말하는 사람이 있습니다. 이런 사람은 경솔한 결정으로 인해 나중에 모든 책임을 져야 할 수도 있습니다. 생각 없이 무조건 된다고 말만하는 사람으로 오해받지 않도록 주의합시다.

솔직하게 모른다고 말할 용기

모르는 것을 솔직히 묻는 자세도 중요합니다. 모르면 모른다고 말해야 합니다. 특히 경험이 적은 낮은 직급일수록 체면을 지키려고 아는 척하는 경우가 더러 있습니다. 명확하게 모르는 채로 엉터리로 일을 진행하다 보면, 일을 부탁한 사람이나 일에 관련된 사람들을 곤란하게 만들 가능성이 높습니다. 즉 양쪽 다 일을 두 번 하게 되어 시간과 노력을 허비하게 되는 겁니다.

모르는 것은 부끄러운 일이 아닙니다. 진짜 부끄러운 것은 아는 척, 알아들은 척하는 것입니다. 모르는 것을 가르쳐달라고 말하는 것이 당신뿐만 아니라 일을 의뢰한 사람에게도 최선을 결과를 가져다줄 것입니다.

지적에 감사하는 마음

그런데 만약 자신이 만든 자료와 기획안에 대해 동료나 상사가 "이렇게 고치면 어떨까?" "이건 별로 좋지 않아 보이는데?"라고 지적하거나 트집을 잡으면 어떻게 해야 할까요? 또는 회의 석상에서 자신의 의견에 반대하는 사람이 있다면 어떻게 해야 할까요?

'하지만 저는 이렇게 생각해서 이 기획안을 만들었습니다.' '아니요. 그게 아니라…'라는 식으로 반론하고 싶어지겠지요. 그러나 한번쯤은 일체 반론을 하지 않고 상대의 지적을 겸허히 받아들여봅시다. 상대도 더 나은 결과를 위해 용기를 내고 시간과 노력을 들여서 지적을 한 것이니까요. 단순히 당신이 싫어서 그러는 것이 아닙니다. 만약 상대의 반론이 허무맹랑하거나 전혀 논리가 없거나 무의미한 비난이 아니라면 다시 생각해볼 가치가 있습니다. 어쩌면 당신의 시야가 좁았을지도 모릅니다. 무언가 당신이 놓쳤던 부분을 알려준다면 감사해야 하는 일이죠. 그러므로 열린 마음으로 지적을 받아들이고 그 지적에 감사하는 마음을 가집시다.

"아 그런 부분까지는 미처 생각하지 못했네요. 지적에 감사합니다. 한 번 더 꼼꼼하게 검토하겠습니다"라고 말하고 일단 물러서는 것입니다. 그런 다음 다시 검토해본 뒤에도 여전히 자신의 의견을 관철시키고 싶다면, 그때 주장할 만한 근거를 준비하여 다시 한번 제안하면 됩니다. 그래도 늦지 않습니다.

일 잘하는 사람의 의견 수용

◇◇◇◇◇◇◇◇◇◇

한번쯤은 일체 반론을 하지 않고 상대의 지적을 겸허히 받아들여봅시다. 상대도 더 나은 결과를 위해 용기를 내고 시간과 노력을 들여서 지적을 한 것이니까요. 어쩌면 당신의 시야가 좁았을지도 모릅니다. 무언가 당신이 놓쳤던 부분을 알려준다면 감사해야 할 일입니다. 그러므로 열린 마음으로 지적을 받아들입시다.

아무것도 하지 않고
기다려야 할 때

경청과 고개를 끄덕이는 일의 중요성을 앞에서 이미 이야기했습니다. 목이 아플 만큼 고개를 크게 끄덕이는 것도 중요하지만, 상대가 심각한 이야기를 할 때나 집중이 필요한 이야기를 할 때는 이러한 과장된 반응이 방해가 될 수 있습니다. 언제 끄덕이고 언제 조용히 귀를 기울여야 하는지 정확히 판단하는 능력이 중요합니다. 그러한 능력을 갖추기 위해서는 남의 이야기를 진심으로 이해하려고 노력하는 자세가 기본이 되어야 합니다.

2장에서도 언급했지만 공감 능력이 뛰어난 사람은 자신의 가치가 아니라 상대의 가치를 기준으로 이야기를 듣습니다. 즉 이들은 상대방의 입장에 완전히 몰입하여 실제로 같은 감정을 느끼는 것처럼 이야기를 듣는 것이죠.

침묵을 견디는 힘

듣는 사람이 고개를 크게 끄덕이면 말하는 사람이 편하게 말할 수 있습니다. 그러나 반대로 아무런 행동을 취하지 않고 가만히 있어야 할 때도 있습니다. 그것은 상대가 곰곰이 생각하고 있을 때입니다. 어색한 침묵을 견디지 못해 먼저 말을 꺼낸 적이 모두 한번쯤 있을 것입니다. 그런 행동은 종종 역효과를 낳습니다. 거래처와의 상담 중에, 상대가 무언가 진지하게 생각하는 동안 금세 "어떻게 생각하십니까?"라고 물으면서 재촉하지 않습니까? 그러면 잘 풀릴 일도 꼬이게 됩니다. 상대의 말을 기다리는 힘을 갖추어야 긍정적인 결과를 얻을 가능성이 높습니다.

상대의 답을 기다릴 때는 표정이 중요합니다. '어떤 답을 주셔도 저는 괜찮습니다' '생각이 정리될 때까지 얼마든지 기다리겠습니다'라는 듯한 너그러운 표정으로 기다려야 합니다. 쉽게 말해, 상대가 조급하지 않도록 편안하게 지켜봐야 합니다. 절대 초조한 마음을 드러내서는 안 됩니다. 하지만 속으로 '빨리 답해주었으면…' 하고 생각하다 보면 자신도 모르게 표정으로 드러날 것입니다. 그러니 성질이 원래 급한 사람일수록 일부러 여유로운 표정을 지으려고 신경을 써야 합니다. 당신의 답을 기다리는 것도 의미 있는 일이라는 듯 느긋한 표정을 지읍시다.

말을 아끼는 만큼 얻는 것

이처럼 자신의 마음을 다스리며 상대의 속도에 맞추는 능력이 생기면 더욱 성숙한 사회인이 될 수 있습니다. 경청은 오래 전부터 중요한 자세로 알려져 있지만 특히 요즘 많이 강조되고 있습니다. 경청이란 심리학에서 말하는 소통 기술 중 하나로, 말 그대로 귀를 기울여 상대의 말을 열심히 듣는 것입니다. 상대의 이야기를 그저 소리로 듣는 것이 아니라, 말의 내용을 이해하고 그 진의와 감정까지 받아들인 뒤 상대에게 다가서서 공감하려는 태도입니다. 그래서 업무 현장에서도 환영받는 자세입니다.

경청을 잘하는 사람의 특징을 좀 더 구체적으로 설명하면 다음과 같습니다.

- 남의 이야기를 끊지 않고 듣는다. 아무리 길게 말하는 사람이라도 중간에 말을 자르거나 끼어들지 않고 참을성 있게 귀를 기울인다.
- 이야기를 들으면서 눈을 맞추거나 고개를 끄덕여 '당신의 이야기에 관심이 있다' '다음 이야기를 기다리고 있다'는 뜻을 전달한다.
- 앉아 있을 때는 양손을 책상 위에 포개 놓는 등, 자세를 통해서도 '당신의 이야기를 진지하게 듣고 있다'는 뜻을 표현한다(팔짱을 끼고 있으면 위압적인 인상을 줄 수 있다).
- 누군가 의견을 물었을 때는 겸손한 태도로 자신의 생각을 말한다.

존중 안테나를 높게 세우고 있는 사람은 대립을 싫어하고 화합을 추구하므로 대체로 경청에 뛰어납니다. 말을 많이 하는 것보다 남의 말을 열심히 들어주는 편이 대립이나 소통의 실패를 줄일 수 있기 때문입니다.

말을 많이 하지 않는 것은 갈등을 피할 수 있는 것 외에도 다양한 이점이 있습니다. 협상을 할 때 말을 많이 하면 쓸데 없는 말까지 하게 되어 역효과를 낳을 수 있습니다. 또한 조급하고 초조해 보일 수 있습니다. 그러한 모습을 내비치면 이미 상대에게 지고 들어가는 것과 마찬가지입니다. 그러므로 비즈니스 현장에서는 말을 많이 하지 않는 것도 하나의 기술입니다.

경청을 잘하면 인간관계의 오류나 오해를 줄일 수 있을 뿐 아니라, 비즈니스에서도 상대의 생각이나 지시를 제대로 이해할 수 있음을 명심합시다.

• 경청의 자세 •

○ 긍정적인 맞장구를 친다.

○ 여유로운 표정을 짓는다.

○ 양손은 책상 위에 포개 놓는다.

○ 상대의 말을 끊지 않는다.

○ 상대가 깊이 생각할 때는 답을 재촉하지 않는다.

아군이 되는 긍정적 맞장구

상대의 생각과 의견을 존중한다는 뜻의 긍정적 맞장구를 치는 것도 친밀한 관계로 발전하는 데 도움이 됩니다.

"맞는 말씀입니다."
"네, 팀장님의 말씀은 잘 알겠습니다."
"그 마음은 충분히 이해합니다."
"깊이 동감합니다."
"정말 그렇군요!"

이처럼 긍정적인 맞장구로 상대에 대한 깊은 이해와 공감을 표현하면 상대는 기분이 좋습니다. 특히 남이 자신의 의견에 따르기를 바라는 마음이 강한 리더 유형에게는 맞장구를 잘 치는 사람이 든든한 아군이 됩니다. 자신을 결코 배반하거나 속이지 않을 것이라는 진실한 신뢰감을 주기 때문이죠.

일 잘하는 사람의 경청 자세

◇◇◇◇◇◇◇◇◇◇

긍정적인 맞장구로 상대에 대한 깊은 이해와 공감을 표현하면 상대는 기분이 좋습니다. 특히 남이 자신의 의견에 따르기를 바라는 마음이 강한 리더 유형에게는 맞장구를 잘 치는 사람이 든든한 아군이 됩니다. 자신을 결코 배반하거나 속이지 않을 것이라는 진실한 신뢰감을 주기 때문이죠.

분위기를 파악하는
가장 빠른 방법

다른 사람들과 함께 참석하는 모임 자리에서는 분위기를 파악하려는 자세가 중요하다고 얘기했습니다. 눈치 없는 한 사람 때문에 모임 전체의 분위기가 확 가라앉을 수 있기 때문입니다. 일을 잘하는 사람은 자신이 속해 있는 자리의 분위기를 빠르게 파악하고, 거기에 자신을 맞추는 일에도 꼼꼼히 신경 씁니다.

자신이 부정적인 영향을 미치지는 않는지 점검하는 것도 매우 중요한 태도입니다. 예를 들어 직장 동료끼리 점심시간에 모여 커피를 마시며 이야기를 나누고 있는 장면을 생각해봅시다. 그런데 당신이 끼어들자마자 어쩐지 분위기가 가라앉았다고 합시다. 이럴 때 '왜 이렇게 됐을까?'라고 생각하는 사람이 있는가 하면, 그런 사실조차 알아채지 못하는 사람이 있습니다. 한마디로 우리는 이런 사람을 보고 눈치가 없다고 말하죠.

다른 예를 들어봅시다. 회사에서 열린 창립 기념 파티에서 몇 명이 모여 화기애애하게 이야기를 나누고 있는데 갑자기 한 남성이 끼어들었습니다. 그러고는 아무 말도 없이 침묵합니다. 자신이 분위기를 해치고 있다는 것도 모른 채 '나는 원래 이런 사람이야. 뭐 어때?'라는 표정을 짓습니다. 당신의 주변에도 이런 사람이 있지 않습니까? 심지어 '난 원래 이런 사람이니 어쩔 수 없다'며 뻔뻔하게 나오는 듯한 느낌까지 듭니다.

일본에서 인기 있는 배우이자 작가인 호시노 겐이 TV 인터뷰에서 이런 이야기를 했습니다. 예전에는 "제가 낯을 좀 가려서요…"라는 말을 자주 했는데, 그것이 매우 부끄러운 말이었음을 알게 된 이후부터 다시는 그 말을 하지 않는다고요. 물론 사람마다 성향이 다르니 낯을 가릴 수 있습니다. 그 자체가 잘못이 아닙니다. 하지만 다른 사람들에게 자신이 낯을 가린다는 말을 직접적으로 하는 것은 '그러니 너희

들이 신경을 쓰라'는 말이 될 수 있습니다. 관계를 맺기도 전에 상대에게 부담을 주는 태도입니다. 자신은 원래 그런 사람이라며 안 해도 될 말을 굳이 하는 것은 분위기를 전혀 고려하지 않는 행동입니다.

핵심 인물의 성향을 파악하라

그 자리에 재빨리 적응하려면 어떻게 해야 할까요? 분위기 파악을 위해 언제나 긴장하고 있을 필요는 없습니다. 오히려 너무 긴장해서 허둥대면 집단에서 겉돌기 쉽습니다. 또 침묵을 못 견뎌서, 또는 분위기를 띄우려고 쓸데없이 말을 많이 하면 이상한 사람 취급을 당하기 쉽습니다. 그러므로 일단은 그곳의 분위기를 유심히 살피는 것이 좋습니다.

- 여기 있는 사람들은 서로 어떤 관계인가?
- 이곳의 핵심 인물은 누구인가?
- 그 핵심 인물은 어떤 분위기를 좋아하는가?

어떤 모임이고 몇 명이 모였는지 상관없습니다. 그 자리의 분위기는 핵심 인물 중심으로 맞춰져 있기 마련입니다. 그 사람이 시끌벅적한 술자리를 좋아한다면, 당신도 함께 거나하게 술을 마시는 것이 다가가기에 좋을 것입니다. 반대로 지적인 대화를 나누는 조용한 술자리를 좋아한다면 절대 튀지 않으면서 얌전히 술을 마시는 것이 좋습니다. 이런 자리에서 눈치 없이 분위기를 애써 띄우려고 게임을 제안한다거나 과한 농담을 하는 등의 행동을 하면 반응은 싸늘할 것입니다. 일단은 분위기를 면밀히 살피면서 그 자리가 어떤 자리인지, 그곳 사람들은 어떤 분위기를 유쾌하다고 느끼는지 파악한 다음 거기에 자신을 맞추면 됩니다.

저는 일본 전역에서 강연회를 열고 있는데, 매번 강연이 열리는 지역의 특색에 맞추어 이야기 내용을 조금씩 바꾸고 있습니다. 청중의 반응이 적극적인 곳에서는 여기저기에 유머를 섞어 웃음을 유도합니다. 반대로 고개를 끄덕이기는커녕 꼼짝도 않고 앉아서 이야기를 진지하게 듣는 청중들도 있습니다. 그런 곳에서는 웃음을 유도하기보다 온화하고 느긋하게 이야기합니다.

한편 청자도 화자에게 맞출 필요가 있습니다. 4장에서 이야기한 것처럼 고개를 크게 끄덕이며 적극적으로 반응하는 것이 좋을지, 동작을 줄이고 진지하게 이야기를 들으며 메모를 하는 게 좋을지 판단해야 합니다. 와인 동호회 모임에 가서 "회식은 무조건 소주지!"라고 말하면 안 되는 것과 같은 이치입니다.

일 잘하는 사람의 분위기 파악

○○○○○○○○○○

일을 잘하는 사람은 자신이 속해 있는 자리의 분위기를 빠르게 파악합니다. 집단의 핵심 인물이 어떤 분위기를 유쾌하다고 느끼는지 유심히 관찰하면 쉽게 어울릴 수 있습니다.

모든 일의 시작은
약속 시간을 지키는 것부터

상대를 불안하게 만들지 않는 것이 얼마나 중요한지는 이 책에서 이미 여러 번 언급했습니다. 저는 30년 동안 강연을 하면서 단 한 번도 지각을 한 적이 없습니다. 그리고 강연 장소에 항상 강연 시간보다 1시간 30분 빨리 도착합니다. 보통의 강사들은 1시간 전쯤 도착합니다. 간혹 아슬아슬하게 도착해서 주최자의 애를 태우는 사람도 있습니다. 30분 전까지 강사가 오지 않으면 주최자는 매우 불안해집니다.

제가 1시간 30분이나 빨리 가는 이유는 많은 사람이 제 강연 하나를 듣기 위해 교통비나 숙박비를 들여 각지에서 오기 때문입니다. 어렵게 강연을 들으러 오는 사람들을 감사하게 생각하면 저는 절대로 늦을 수가 없고, 늦어서도 안 됩니다. 그러나 오는 길에 어떤 예상치 못한 일이 발생할지 알 수 없죠. 기차가 연착할 수도 있고 교통 사고가 난다거나 고속도로가 심하게 막힐 수도 있습니다. 늦지 않게 출발하더라도 중간에 불가피한 일이 생겨 시간을 잡아먹게 되면 결국 지각하게 됩니다. 그리고 딱 한 번 지각을 하는 순간 시간을 잘 지키지 않는다는 오해를 받게 되죠. 신용은 그만큼 쉽게 잃을 수 있습니다. 그래서 저는 대기 시간이 길더라도 늘 강연 장소에 1시간 30분 빨리 도착할 수 있도록 훨씬 여유 있게 출발합니다. 이렇게 철저한 시간 개념과 강연을 소홀히 생각하지 않는 성실한 태도로 신뢰를 얻었습니다.

일찍 가서 기다리는 여유

일반적인 거래처 상담이나 회의를 할 때도 여유 있게 약속 장소에 20분 전쯤 도착하는 것이 좋습니다. 일찍 도착해야 상대가 오기 전에 이것저것 준비하고 점검할 시간이 있습니다. 단, 상대 회사로 찾아갈 경우 너무 일찍 도착하면 상대의 시간을 뺏게 되므로 약속 시간 5분에서 10분 전에

도착하는 것이 적당합니다. 이때 출발은 일찍 하되, 약속 시간 5분 전까지 근처의 적당한 곳에서 기다리는 것이 가장 좋습니다. 상대와의 만남에서 첫 번째로 중요한 것은 무조건 늦지 않게, 상대보다 일찍 도착하는 것입니다. 약속 시간을 지키지 않으면 그 이후에 아무리 호의적인 태도로 상대를 배려한다 해도 결과는 좋지 못합니다. 시간을 엄격히 지키는 것부터가 원하는 결과를 얻을 수 있는 시작점임을 명심하기 바랍니다.

약속 시간에 늦은 사람은 만남의 첫 번째 말이 "죄송합니다"일 것입니다. 비즈니스 관계를 사과로 시작하면 처음부터 불리한 위치에 서게 됩니다. 그러면 심리가 위축되어 해야 할 말을 못 하게 됩니다. 또 초조한 마음이 앞서서 다른 실수를 저지를 가능성도 높습니다. 숨 돌릴 틈도 없이 허겁지겁 일을 진행하려다 보니 실수가 잦을 수밖에요.

항상 먼저 와서 기다리는 사람이 됩시다. 조금만 일찍 출발하는 습관을 들이면 그다지 어려운 일도 아닙니다. 또 약속 당일까지 시간이 많이 남았을 경우에는 만나기 전날 '내일 잘 부탁드립니다'라는 문자를 보냅시다. 상대가 약속을 깜빡했을지도 모르고, 상대방 역시 같은 생각을 할 수 있으므로 확인 차원에서 약속을 상기시키기 위함입니다. 이렇게 사소한 챙김이 상대로부터 신뢰를 쌓는 초석입니다.

일 잘하는 사람의 시간 엄수

◇◇◇◇◇◇◇◇◇◇◇◇

비즈니스 관계를 사과로 시작하면 처음부터 불리한 위치
에 서게 됩니다. 시간을 엄격히 지키는 것부터가 원하는
결과를 얻을 수 있는 시작점입니다. 약속 시간을 지키지
않으면 그 이후에 아무리 호의적인 태도로 상대를 배려해
도 결과는 좋지 못합니다.

주연보다 조연을
자처하는 사람

'겸양'이라는 말을 들어보셨습니까? 사전적인 의미는 조심스럽게 행동하는 것, 사양하는 것, 자신을 낮추어 상대를 높이는 것, 즉 겸손입니다. 타인을 존중하는 사람의 가장 두드러지는 특징이죠. 이들은 칭찬을 받아도 으스대지 않습니다. "그렇지 않습니다. 다들 도와주신 덕분입니다"라고 겸손하게 말하며 매순간 상대를 높입니다. 어떤 경우에도 자만하지 않고 남에게 공을 돌리며 기꺼이 조연으로 물러납니다. 오히려 자신을 과소평가하는 경향이 있을 정도입니다. 자신을 지나치게 내세우는 유형이나 튀기를 좋아하는 유형의 사람이 배우면 사회생활을 하는 데 많은 도움이 될 것입니다.

스스로를 낮추면 오히려 돈보인다

예를 들어 팀 전원이 모인 자리에서 상사가 성과를 칭찬했다고 합시다. "이 제안서의 이 부분이 특히 훌륭해"라는 상사의 말에 이렇게 답합니다. "네, 그건 지민 씨가 생각한 부분입니다" 그러면 팀 전원이 보는 앞에서 간접적으로 칭찬을 받은 지민 씨는 무척 뿌듯할 것입니다. 이렇게 자신이 큰 역할을 담당했다 해도, 함께 고생한 동료에게 공을 돌리고 스스로를 낮추는 것이 능력을 인정받는 방법입니다. 오히려 "제가 밤낮으로 고생한 보람이 있네요. 정말 대단하지 않나요?"라고 스스로를 치켜세우면, 결과와 상관없이 평가의 감점 요인이 됩니다.

애써 노력해서 일군 성과를 한 순간에 깎아먹는 일입니다. 자신을 내세우지 않고 남을 높여주는 사람이 존경과 신뢰를 받습니다. 자기 자신이 진정 돈보이는 길은 타인을 빛내주는 것입니다.

도움을 받고 감사 인사를 잊지 않습니까?

다른 예를 들어볼까요? 회사에서 선배가 모르는 것을 가르쳐주었을 때, "아, 그렇군요"라고 답하는 사람이 있습니다. 무엇이 잘못되었는지 알겠나요? 바로 감사 인사가 빠졌습니다. 회사에서 인정받는 사람이라면 모르는 것을 친절하게 알려준 것에 대해 "덕분에 알게 되었어요. 감사합니다. 많이 배웠습니다"라고 말합니다. 선배나 상사 등 윗사람 앞에서는 언제나 배움의 자세를 유지하며 감사의 뜻을 말로라도 자주 전하는 것이 중요합니다. 의외로 지식과 정보를 제공해준 사람에게 감사 인사를 하는 사람이 많지 않습니다. 입장 바꿔서 생각하면 감사 인사를 제대로 하는 사람에게 더 많은 것을 가르쳐주고 싶은 마음이 드는 것이 인지상정입니다.

단정 짓는 말투가 꼰대를 만든다

반대로 자신이 조언을 하는 입장이라면 무엇을 주의해야 할까요? 테니스 동호회에서 제가 가장 오래된 회원이라 그런지, 코트에 들어서기만 하면 '야스다 씨가 오셨으니 코트를 비워드리자'는 분위기가 조성됩니다. 그래서 저는 어느 정도의 존재감을 유지해야 할지, 어떤 태도를 취해야 할지 항상 생각하며 행동하고 있습니다. 너무 거만해서도 안 되고 또 너무 저자세여도 안 됩니다. 이런 적당함이 제일 어려운 법입니다.

요즘은 스물일곱 살 젊은 친구와 짝을 이루어 테니스를 치고 있습니다. 아버지와 아들이라고 해도 이상하지 않을 만큼 나이 차이가 많이 나지요. 그런데 얼마 전에 그 친구가 창업을 했습니다. 저는 창업 선배로서 도움이 되고 싶었습니다. 하지만 거들먹거리며 설교하고 싶지는 않았습니다. 이럴 때는 말하는 방식에 주의해야 합니다. 원래는 '창업한 뒤 3년간 존속하는 회사가 10개 중 1개밖에 안 된다'고 말해주고 싶었습니다. 하지만 저는 이렇게 말했습니다. "때로는 큰 손해를 입기 전에 과감히 포기하는 게 현명할 수도 있어."

'~할 수 있다' '~할지도 모른다'는 말을 써서 단정 짓는 말투를 피한 것입니다. 이것이 디테일의 차이입니다. 또는 '~라는 가능성도 생각해보는 게 어때?'라고 의문형으로 말해도 괜찮습니다. 경험이 많다는 이유로 함부로 단언하지 않고 일부러 강도를 낮춰 이야기하는 것이 중요합니다. 강한 어투로 단정 짓는 말투는 위압감을 줄 수 있습니다. 진심으로 도움이 될 수 있는 조언을 해주고 싶다면, 부드러운 말투 속에 상대를 위하는 마음을 담는 것이 좋습니다.

사람은 위험을 좋아하는 '위험 추구형'과 위험을 최대한 회피하려는 '위험 회피형'으로 나뉩니다. 자동차 판매원에 비유하자면, 위험 추구형은 화려하고 눈에 띄는 차를 좋아해서 "롤스로이스를 추천합니다. 사하라 사막 한가운데서 엔진이 멈춰도 헬리콥터가 구조하러 올 테니까요"라며 고객을 설득할 것입니다. 반면 위험 회피형은 신중을 기하는 성격입니다. "카롤라를 추천합니다. 왜냐하면 사하라 사막 한가운데에서도 절대 고장나지 않으니까요"라고 말할 것입니다.

이처럼 사람의 성격은 제각각입니다. 모든 경우에서 그래야겠지만, 특히 누군가에게 조언을 할 때는 상대의 특성을 정확히 파악하는 것이 중요합니다. 상대의 성향과 특성에 맞는 조언을 해줄 때 당신은 능력을 완전히 인정받을 것입니다. 잘못된 방법으로 뛰어난 능력을 인해 저평가 받거나 부정적인 이미지를 얻지 않기를 바랍니다.

일 잘하는 사람의 겸손

자신을 내세우지 않고 타인을 높여주는 사람은 주변으로부터 존경과 신뢰를 받습니다. 이들은 칭찬을 받아도 으스대지 않습니다. 스스로를 치켜세우면 애써 노력해서 일군 성과를 한 순간에 깎아먹게 됩니다. 자신이 진정으로 돋보이는 길은 타인을 빛내주는 것입니다.

태도 안테나 점검표

나는 어느 영역의 안테나가 발달했는지 알아봅시다. 각 안테나별로
해당하는 항목의 개수를 체크해 연결해봅니다.

조감 안테나

□ 남이 지시하지 않아도 스스로 일을 찾아서 한다.

□ 결론부터 말하려고 노력한다.

□ 정해진 규칙을 반드시 지키려고 한다.

□ 상사의 일정을 파악하고 있다.

□ 신속하게 대응하려고 노력한다.

□ 모임의 간사 역할, 총무 역할을 무리 없이 해낸다.

공감 안테나

□ 다른 사람들을 유쾌하게 대하려고 노력한다.

□ 힘들어하는 사람이 있으면 도와주고 싶다.

□ 남을 자주 칭찬한다.

□ 결과보다 과정을 중시한다.

☐ 후배나 동생을 잘 챙긴다.

☐ 예의 바르게 말하려고 노력한다.

논리 안테나

☐ 언제나 감정에 휘둘리지 않고 평정심을 유지할 수 있다.

☐ 상대가 이해하기 쉽게 이야기하려고 노력한다.

☐ 사실과 데이터를 중시한다.

☐ 사소한 부분까지 챙기려고 노력한다.

☐ 자신의 취향이 아닌 객관적인 근거에 기초하여 판단한다.

☐ 시간 낭비를 줄이려고 노력한다.

사교 안테나

☐ 상대를 즐겁게 해주려고 노력한다.

☐ 농담을 자주한다.

☐ 맞장구의 빈도, 말하는 속도를 상대에게 맞춘다.

☐ 항상 재미있는 일을 찾는다.

☐ 낯을 가리지 않는다.

☐ 나이 차이가 꽤 나는 사람과도 편안하게 대화할 수 있다.

존중 안테나

□ 상대방의 이야기를 잘 들어준다.

□ 상대의 태도를 먼저 파악한 후에 자신의 태도를 결정한다.

□ 일을 신중히 진행하는 편이다.

□ 상대가 일부러 트집을 잡는 것 같아도 일단은 귀를 기울인다.

□ 되도록 남의 장점을 보려고 한다.

□ 다른 사람과 나눈 대화 내용이나 그 사람의 취향을 잘 기억한다.

◇◇◇◇◇◇◇◇◇ 나의 안테나를 방사형 차트로 나타내봅시다. ◇◇◇◇◇◇◇◇◇

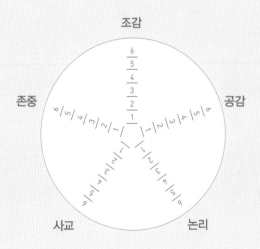

태도가 능력이 될 때

초판 1쇄 발행 2021년 2월 8일
초판 4쇄 발행 2022년 9월 5일

지은이 야스다 다다시 **옮긴이** 노경아

발행인 이재진 **단행본사업본부장** 신동해
편집장 김경림 **책임편집** 김수진 **디자인** 데시그
마케팅 최혜진 최지은 **홍보** 최새롬
국제업무 김은정 **제작** 정석훈

브랜드 리더스북
주소 경기도 파주시 회동길 20
문의전화 031-956-7213(편집) 031-956-7127(마케팅)
홈페이지 www.wjbooks.co.kr
페이스북 www.facebook.com/wjbook
포스트 post.naver.com/wj_booking

발행처 ㈜웅진씽크빅
출판신고 1980년 3월 29일 제406-2007-000046호

한국어판 출판권 ⓒ 웅진씽크빅, 2021
ISBN 978-89-01-24810-3 03320

※ 리더스북은 ㈜웅진씽크빅 단행본사업본부의 브랜드입니다.
※ 책값은 뒤표지에 있습니다.
※ 잘못된 책은 구입하신 곳에서 바꾸어드립니다.